ケアリングの視座

関わりが奏でる育ち・学び・暮らし・生

編　者　立山善康
編著者　中野啓明・伊藤博美

晃洋書房

はじめに

伊藤博美

　本書の企画は，同じ編者3名で上梓した『ケアリングの現在――倫理・教育・看護・福祉の境界を越えて――』の刊行から10年あまりが過ぎた2017年の秋に立ち上げられた．ケアをめぐる制度的状況の変化や，研究の蓄積が見られるなか，看護や介護，福祉，教育などの各領域を越えて，ケアの現状に再びまなざしを向け，改めてそれを理論的に検討したいという趣旨がそこにはあった．
　本書のねらいは，各章の執筆者に向けて送付された趣意書に示されているので，ここに引用する．

　　「ケア」という言葉が日常的に使われるようになって久しい．この言葉は20世紀では，看護，医療，美容といった限られた分野でしか用いられていなかったが，介護保険制度が始まって以降「介護」の意味で，また「心のケア」といった「カウンセリング」の意味でも用いられるようになっている．けれども，それらは，主として「行政のしてくれるサービス」の意味で，また，専門技術としての「ケア」と被害者（やその家族）のサポート対策としての「ケア」という意味で用いられているという，上野哲の指摘もある．こうした用いられ方は，『ケアリング』（1984）を著したノディングズ（Nel Noddings）が提示した，ケアする人とケアされる人の関係である「ケアリング」の特性，すなわち「脱専門化（deprofessionalization）」（言いかえれば，全人的なあなたとしてケアされる人に接する姿勢）や「衷心性（wholeheartedness）」（同様に，こころからのもの）からすれば，「正反対」であるとも言えるのではなかろうか．つまり，「制度化・マニュアル化できない」ケアこそが本来的なケアであり，ケアは，「制度化・マニュアル化」されればされるほど，「こころのこもらない形骸化した」ケアとなる恐れがあるからである．
　　『ケアリングの現在』（2006）を世に問うてから10年以上が経過している

が，役割としてケアされる人に向き合う姿勢や，制度化・マニュアル化した「ケア」は，依然として，あるいはますます目に触れられるようになっている．しかしその一方で，東日本大震災から相次ぐ自然災害やそれに続く事故（人災）の被害に対するボランティア活動に多くの人々が携わったり，貧困家庭の子どもや親を対象とした「子ども食堂」が全国的に展開されたり，地域の主に高齢者を対象として介護だけでなく包括的なケアが提供されるようになったり，学校教育を地域が支える仕組みが広がり始めたりと，少なくとも「行政のしてくれるサービス」や，専門家がその専門領域から行う「ケア」の範疇を越えた動きが見られる．こうした動きは，キテイ（Kittay）やファインマン（Fineman）らがケアの相互性（相互依存）を前提とする理論を提唱した動きと無縁ではない．

　また，ケアが一般化することに伴って，「関係性」という言葉も多用されてきている．しかしながら，「関係性」と「関係」が同義に使用されていることはないであろうか．

　少なくとも「行政がしてくれるサービス」というケア観は，転換を求められている．そして，全人的なかかわりのなかで，自らの置かれた状況のなかで行われる具体的なケア，すなわちケアリングを視座として，改めて日常にあふれたケアを問う作業が必要とされている．

　本書は，同じ編者による『ケアリングの現在』（2006）で取り上げられた，倫理・学校教育・保育・医療・看護・福祉等々の専門領域に対して，上記の動向を踏まえ，学校教育におけるスクールカウンセラー，保育における家庭支援，地域コミュニティにおける支え合い，医療におけるターミナルケアや家族のグリーフワークなど，それぞれの領域でマージナル（周辺的）なものとして扱われてきたトピックも扱う．それは，それぞれの制度から従来はこぼれ落ちてしまっていたニーズに応えるケアを取り扱うということであり，同時に私たちの置かれた世界をケアの観点から見直す，さらに見通すことでもある．また，それらが「制度化・マニュアル化」によって「形骸化した」ケアに堕しないためにも，改めてケアリングの理論を検討する．すなわち，ケアする人が自らをとりまく関係のなかで，能動的にケアする姿のみをとりあげるのではなく，受動的に生きる（生かされる）営為

のなかに，他者へのケアがあるという有り様を明らかにする．これにより
ケアリングの示す関係性の真正を示すことになるだろう．すなわち，それ
はその場限りのケアする側とされる側という関係ではなく，人間が関係の
なかで生きているというケアリングの内実を示すことになるであろう．

（編者一同）

　以上の趣意のもと，本書は次のように構成されている．

　第Ⅰ部「ケアリングの諸相」では，第一に教育・保育における子どもへのケ
アリング（第1章～第4章），第二に地域におけるケアリング（第5章～第7章），
第三に看護や医療におけるケアリング（第8章～第10章）の様相をそれぞれ示し，
理論的考察を行っている．

　第1章「学校教育の場におけるケアリング」では，学校教育におけるティー
チングの偏重や保育における「養護」と「教育」の一体性を指摘した上で，子
どもだけでなく教師のケアリング能力の形成も視野に入れた「教育的ケアリン
グ」の枠組みにおける，教師による学習指導上のケアリングとしての「教育学
的ケアリング」の実際を示している．さらに，ケアリングが「知識へアプロー
チする一つの道」を示すこと，「学習環境」の選択と組織化が学習活動として
のケアリングの内実を深めることにつながることを示している．

　第2章「スクールカウンセリングと心のケア」では，スクールカウンセラー
の制度と活動を取り上げ，専門家による心のケアと，教員や一般人の行うそれ
との違いを検討している．専門家としての心のケアと，日常的に「そこに共に
居る」という形のケアとの線引きは，ケアの重要性を強調すればするほど，ケ
アが専門家による制度化されたものに縮減される危険性があることを指摘して
いる．

　第3章「難病の子どもとその家族への支援」では，生体肝移植や小児がんの
当事者である子どもの長期入院が家族にもたらす意味を踏まえながら，支援の
一例として宿泊滞在施設に触れる．またいわゆる「きょうだい児」への支援と
してのピアサポートや家族全体への支援に触れ，それらの保育者や教員への認
知を促している．最後に法制化された医療的ケア児およびその家族の支援につ
いて，関係者の連携によるケアの提供，およびその地域格差解消の必要性が訴

えられる.

　第4章「幼児の「暮らし」とケアリング」では,「森のようちえん」の事例を検討しつつ,自他未分の存在様態を生きる乳幼児は,他者と「お互いを感じ合い（共感）」ながら「暮らし」の場に「参加」することを通して,「主体」として自立していくことを示している.

　第5章「地域包括ケア　—ケアリング・コミュニティを視点として—」では,公的サービスではケアできないところを地域のインフォーマルな人材がニーズに応えようとする「地域包括ケア」の先進事例を提示し,そのシステム構築すなわちケアリング・コミュニティの成立には,地域がそれぞれにあったまちづくり,すなわち他者性を「包括」し,継続的で粘り強くケアすることが求められることを示している.

　第6章「被災地で,被災者とよそ者とで拓くインクルーシブなコミュニティ」では,「よそ者」である若者が被災者の声を傾聴し共感しながら,復興とコミュニティの再生に取り組む姿を取り上げる.この「よそ者」らとのかかわり合いのなかで,被災者である地域住民が主体性を回復し,ソーシャル・キャピタルが醸成され,包摂力の高いレジリエント・コミュニティが形成されることを示している.

　第7章「子ども食堂におけるケアリング」では,子ども食堂は,子どもだけでなく保護者,地域に対する効果,実施者に対する効果が見られることを示した上で,学生の実施する子ども食堂の例を提示し,そこには学生やケアする人をケアする構造があること,すなわち「ケアする場である子ども食堂」をケアする存在があることを示している.

　第8章「ターミナルケアからみたケアリング」では,ターミナル期にあり全人的な苦痛を抱える患者が,医療者だけでなくホスピスにおける多様な人々との相互作用の関係性を持つことで日常性の維持が可能となること,生理的欲求や安全・安楽の欲求などのニーズに対するケアがコミュニケーションの質次第で承認や所属のニーズへのケアにつながること,死に臨む人へのスピリチュアルケアの必要性を提示している.

　第9章「グリーフケアとは何か　—ケアのタクソノミー試論—」では,「治療的ケア」に対してメイヤロフのケア概念に通じる「助成的ケア」を提示した

上で，それらを統合したケアが求められる一例として「緩和ケア」を提示する．
さらに「緩和ケア」における「助成的ケア」には生きることが持つ質的で力動
的な位相を重視する「スピリチュアルケア」が，例えば遺族などには大きな悲
嘆に縛られた心身をほぐす「グリーフケア」が措定される．人間が限界や現実
とは別の超越した世界に開示されるとき，後者2つのケアは，ケアされる人に
希望をもたらすことを示している．

　第10章「看護教育におけるケアリングの位置づけ」では，現在の看護教育カ
リキュラムがケアリングの教育について不確実・不十分であること，行動主義
からの脱却を模索する必要性があることを指摘する．看護は，専門的知識に基
づいた批判的思考と人間性に基づいた倫理的判断が求められる．看護教員がケ
アリングを体現することにより，学生はその価値を実感し，模倣を経てケアリ
ング実践者へと成長することを示している．

　第Ⅱ部「人間の形相としてのケアリング」では，ケアリングを，改めて理論
的に把捉しようとしている．

　第11章「教育的関係からのケアリングの位置づけ」では，役割関係と人間的
関係という二重性からなる教育的関係を視点として教育的ケアリングを位置づ
ける．ノディングズが，ケアされる人の応答の一例として，ケアされる人がケ
アリングの関係に入ることを「拒絶」する，またケアする人からの働きかけを
「拒絶」するという2つの「拒絶」をあげている点に着目し，ケアする人また
はケアされる人のバーンアウトの回避が含意されていることを示す．最後に教
育的関係における役割関係および人間的関係が示す両極について，その内実を
問うため「関係性」に照射すべきと主張している．

　第12章「E. H. エリクソンの心理社会的発達理論からみるケアリング」では，
エリクソンの生涯発達理論を手がかりに，ケアを規範概念でなく記述概念とし
て検討している．子ども時代に適切にケアされた経験がなくても，他者へのケ
アの実践によりケアする能力の向上が見られ，ケアする能力と共にケアされる
能力も発達し，それがケアする人を助ける可能性を示している．

　第13章「人間のあり方としてのケア」では，妊娠中絶の問題や安楽死の判決
を例に，法律における倫理的な問題の一般化に対して，ケアの倫理が，心情と
状況の把握，ケアの係わりあいの実現，出あいが生むケアしケアされる関係の

将来的な展開を具体的に捉えようとすることを求めること，そこに人間的営為の要諦を見ようとしていることを訴えている．

第14章「fidelity と対話が示すケアリングの教育的関係」では，『ケアリング』に対する批判を受け，ノディングズがケアする教師・保育者に子どもやそれとの関係への fidelity を求め，後にそれをケアされる人への思いやりある注視，ケアされる人をよく知ることを求める概念へと展開させたこと，またこれらを踏まえた対話は，教育的関係が教師・保育者からの一方的な関わりでなく子どもの主体性を担保する機会であり，確証という教育目的の共有に向けた過程であることを示している．

企画から刊行までに 6 年もの歳月を要したことについて，各章の執筆者および晃洋書房の皆さまに，筆者の非力さによるものであることをここで改めて深謝したい．「私ごと」であるが，この 6 年の間に筆者は，超越した非科学的で宗教的な言説のケアによる救い（第 9 章参照），家族によるケアの完遂の難しさ，専門職のケアに敬服すると同時に制度化されたケアの様相，制度からこぼれ落ちる人々へのケアの難しさを実感してきた．

社会に目を向ければ，同じこの 6 年間で，私たちは，各地での自然災害，世界的な COVID-19 の流行，ロシアによるウクライナ侵攻とそれによる食料やエネルギーの不足・価格高騰，などを経験してきた．地質学の国際組織に公式に認められたわけではないようだが，人類による環境への悪影響（戦争も含む）の甚大さから「人新世」という時代区分が提唱されるほど，私たちは将来を生きる人々や，彼女ら彼らの生きる世界の持続可能性に責任をもつ（responsible）ことが求められるようになってきている．そうして，かかわり合いによって成り立っているという社会観や世界観，自らの振る舞いが何にどう影響するのか事後を見据えた判断の必要性，不確実性がもたらす不安を傾聴する必要性は，改めて私たちにケアの重要性，ケアする人・ケアされる人の育成という課題を突きつけている．

以上のように，コロナ禍を経験しても，いや経験したからこそ，本書の刊行の必要性を再確認できたことから，敢えて企画の趣意を改めず，ほぼ当初の構成のまま刊行することとした．なお一部法令改正などの事情により改稿された箇所もあること，またそれを反映できていない箇所もあるかもしれないが，そ

の非は刊行を遅らせた筆者にある．最後に，対面での打ち合わせができないな
か見捨てず待ち続けてくださったケアの実践者である他の 2 名の編者をはじめ，
執筆者，晃洋書房の皆さまに改めて陳謝しつつ，同時に感謝をお伝えしたい．

目　　次

x

第Ⅱ部　人間の形相としてのケアリング

序　章　ケアリング小史 ―『ケアリング』以降

伊 藤 博 美

　ギリガンの『もう一つの声』やノディングズの『ケアリング』の刊行から40年以上が経過し，我が国では，ケアに関する研究が盛んに発表されている．例えば，我が国の1980年から2000年刊行の書籍において，タイトルに「ケア」を含むものは2623冊であったが，2001年から2021年においては10266冊と約4倍にのぼる．同様に，博士学位が授与された論文の数をみると，2006年には0であったのに対し，2011年には37，2015年には64，それ以後は50前後で推移している（2023年2月9日 CiNii での検索結果）．

　こうした動きは，介護保険制度の施行とそれに伴う介護支援専門員（ケアマネジャー）の登場（2000年）や，大学における看護師の養成課程（第10章参照）設置数の増加とそれに伴う博士課程設置数の増加傾向が背景にあると思われる．また教育の分野では，2001年の大阪教育大学附属池田小学校での事件を契機に，事件や天災が起きた際，子どもの「心のケア」を行うスクールカウンセラー（第2章参照）に加え，スクールソーシャルワーカーやスクールロイヤー，また2016年の児童福祉法改正，2021年の医療的ケア児支援法（医療的ケア児及びその家族に対する支援に関する法律）施行（第3章参照）により，国や自治体支援の責務が明文化され，例えば医療的ケア児への学校看護師による専門的な対応が求められるようになったことなども背景にあると思われる．

　このように，看護や介護，教育の場において専門職によるケアが制度化される一方，地域住民によるケアにも焦点が当てられるようになった．2005年の介護保険法改正，2014年の「医療介護総合確保推進法」の施行により，団塊の世

代が後期高齢者に入る2025年までに「地域包括ケア」システムの構築が目指され，そこでは生活支援や介護予防の領域において地域住民が相互に支え合うケアリング・コミュニティの構築が課題となっている（第5章参照）．また，災害ボランティアなど非常事態におけるボランティア（第6章参照）に限らず，例えば貧困家庭の子どもを支援する目的で始まった地域住民（大学生含む）による「子ども食堂」は，全国各地で実施されるようになり，地域住民の居場所にもなっている（第7章参照．ただしコロナ禍や食料品の価格上昇などの影響から，活動には自粛や縮小の傾向が見られる）．

　以上の日本のケアをめぐる現状を踏まえると，一定程度，専門職によるケアの範囲が拡がると同時に，「個別的状況において個々人に応える能力」が発揮されるケア（第13章参照）も希有なものとは見られないまでに浸透したと言えるだろう．

　こうした我が国におけるケアの実践に対して，ノディングズの『ケアリング』（原書1984）以降のケアをめぐる研究の展開を概観する．ただし紙幅の事情もあり，上述したとおり急増している研究の全ては網羅できない．以下は，邦訳および日本語による書籍を対象とした，筆者の研究領域である教育哲学的観点からの断片的な概観である．

　まずは英語圏における，依存や関係に関わる研究である．個人や家族ではなく，ケアしケアされる人の（依存的）関係を単位とした政策を提唱する，フェミニズムによる政治哲学的研究が，トロント（Tronto, J.）（1993）*Moral Boundaries : A Political Argument for an Ethic of Care,* Routledge を端緒として（富岡2021参照）提出されている．フレイザー（Fraser, N.）（1997）*Justice Interruptus : Critical Reflections on the "Postcolonialist" Condition,* 仲正昌樹（監訳）（2003）『中断された正義』お茶の水書房），キテイ（Kittay, E. F.）（1999）*Love's Labor : Essays on Women, Equality, and Dependency* 岡野八代・牟田和恵（訳）（2010）『愛の労働あるいは依存とケアの正義論』白澤社，ファインマン（Fineman, M.）

(2004) *The Autonomy Myth : A Theory of Dependency*，穐田信子・速水葉子（訳）2009『ケアの絆　自律神話を超えて』岩波書店がトロントに続き，この 3 名は，「いずれも女性が担ってきた「ケア」を女性が経験する不利と結びつけたうえで，そうした不利を解消するために，「ケア」は人間にとって欠かせないものであるという視点から「ケア」を「平等・正義」の観点を含めて再考している」（内野 2011：73-74）．

　これらに対して，正義の領域を国家や人間からさらに拡大しようというのがヌスバウム（Nusbaum, M. C.）(2006) *Frontiers of Justice : Disability, Nationality, Species Membership*（神島裕子（訳）(2012)『正義のフロンティア　障碍者・外国人・動物という境界を越えて』法政大学出版局）である．さらにヌスバウムが序文を著したのが，社会的つながりモデルを提示したヤング（Young, I. M）(2011：2014) *Responsibility for Justice*（2022 岡野八代・池田直子（訳）『正義への責任』岩波書店）である．

　ケアや依存に対する見直しは，コロナ禍を経験した世界において，新たな問題を指摘することとなった．ケア・コレクティヴ（The Care Collective）(2020) *The Care Manifesto : The Politics of Interdependence*（岡野八代・冨岡薫・武田宏子（訳・解説）(2021)『ケア宣言　相互依存の政治へ』大月書店）は，「ケアを顧みないことの支配」する現状を確認し，「ケアに満ちた経済」の構想を経て，コスモポリタン的主体による世界へのケアまでを標榜する．

　以上の1990年代から2020年までのフェミニストによるケア研究は，ネオリベラリズムの下でケアがサービスとして市場原理に委ねられ，その結果，コロナ禍で経験してきたように需給関係に破綻が生じた，あるいはケアを欠いたサービスに堕すこととなったと批判する．そうしてロールズの正義論を中心とする自立（自律）した個人観に対する批判から，依存を人間にとって不可避の状態として政治の俎上に載せ，ケアしケアされる関係を基盤とした社会のあり方（第12章参照）を訴えると同時に，ケアとその責任をどう分けもつかが議論され

ている.

　こうした英語圏の政治哲学研究を踏まえ，次に，ケアが展開されているそれ
ぞれの領域に対する日本の諸研究を二つの点から概観する．一つ目は，当事者
やニーズに関わる研究である．上野千鶴子（2011）『ケアの社会学：当事者主権
の福祉社会へ』大田書店は，ケアする人とされる人の非対称性から，ケアする
人がいなくてもケアされる人のニーズは「なくならないが，ケアする側のニー
ズはケア関係にとどまることによってはじめて生じる二次的ニーズであり，ケ
ア関係から退出すればなくなる性質のもの」（p.8）として二つのニーズを区別
する．これは，「ケアという相互行為に関与するさまざまなアクターをすべて
「当事者」とする」（p.8）ことで生じる「当事者インフレーション」を回避す
るためである．「依存的な存在」を第一義的なニーズの源泉とすることで，当
事者主権の立場を明確にしている（p.5）．当事者主権とはそのニーズを「専門
家や第三者が判定するパターナリズムに，もっとも対抗する立場」である．し
たがって，当事者の個別性に応じたカスタム・メイドのケアがモデルである．
同時に，ケアされる人も当事者としてニーズの充足，すなわちケアされる経験
を判定する能力が求められる（pp.11-12）.

　しかしケアされる人がニーズを表現することには，個人の能力だけでなく，
表現する場への配慮が求められる（第8章参照）．そこで，ケアされる人が「自
分の病気や問題に向き合い，自分の言葉で語ること」（『当事者研究の研究』16）
が重要視されてきた「べてるの家」の実践をルーツとする，「当事者が自らの
病気を対象とする当事者研究」（p.14）が注目される（石原孝二（編）（2013）『当事
者研究の研究』医学書院）．当事者研究は，「単に「自分を語る」のではなく，「研
究」として進めることによって，それは個人的な行為ではなく，社会的に有意
義な共同行為であることになる」（p.22）という．それゆえケアされる人の「研
究」は，ケアの受け手にとどまらない，ケアする人や第三者との新たなつなが
りの契機となる（同）.

　こうした当事者研究によるケアされる人の自己の対象化は，家族療法におけるナラティブセラピーが先行していたといえよう（野口裕二（2002）『物語としてのケア：ナラティブ・アプローチの世界へ』医学書院）．野口によればナラティブには，行為に重点を置いた「語り」と「語られたもの」に重点を置いた「物語」という二つの意味が含まれ，これらは相互的かつ連続的な関係にある．特に医療は「科学的説明」が重視される領域であるが，患者へのケアにはナラティブ・アプローチが求められる．野口は「臨床の場は，……ケアする者とケアされる者それぞれの「語り」が紡ぎ出される場であり，同時に，それぞれの「物語」が出会う場」であり，「ケアの理論は，ナラティブの理論によって基礎づけられなくてはならない」（p. 31）と述べている．

　ただしケアがナラティブを必要とするとはいえ，科学的説明や技術を排除するものではないことには留意が必要である．小澤勲（2006）『ケアってなんだろう』医学書院では，ケアされる人の「「物語」〔を読むこと：引用者註〕は……，私たちの枠組みや都合に取り込む作業でもあ」（p. 15）り，それによって少し「やさしく」なれるが，そのやさしさが人を傷つけることもある．ゆえに例えば認知症の科学的説明を踏まえた上で「一人ひとりについて熟知し，それらに対する的確な援助を考えよ，さらには単に認知症の症状，「異常行動」ととらえるのではなく，その背景に広がる物語を読み解き，いわば彼らの訴え，表現として考えよ」（p. 7）という．これを小澤は「技術としてのやさしさ」と表現している．なおこれを保育に置き換えると，科学的説明や技術は，「対象を「三人称的」に見て，「三人称的に」かかわっている」（佐伯胖（編著）（2017）『「子どもがケアする世界」をケアする：保育における「二人称的アプローチ」入門』ミネルヴァ書房，70）ことを指す．小澤の「技術としてのやさしさ」は，「〔ケアする人：引用者註〕自らの「一人称性」をきちんと踏まえつつ，そのうえで執筆者〔ここでは患者：引用者註〕にできるかぎり「二人称的（共感的）」にかかわろうとしながら〔ケアされる人の「物語」を〕読み進めること」（同74）と言い換えることができる

だろう．

　専門家がケアされる人のニーズを充足するには，ケアの時間軸を意識することが重要である．ケアされる人に対して複数でケアを行う場合，プランが役立つと小澤はいう（p.18）．プランそのものではなく，プランを立案するまでの過程，または実践してそれをフィードバックする過程が役に立つという．これは，一人で複数の子どもをケアする保育（第4章参照）や学校教育でいえば，指導案を立案する際の，それまでの子どもの姿の把捉と，リフレクションにより実践を評価し，指導計画を改善する過程が役に立つとたつということだろう（臨床教育人間学会（編）（2007）『リフレクション』東信堂，村井尚子（2022）『ヴァン＝マーネンの教育学』ナカニシヤ出版参照）．

　なおケアする人がケアを語るには中動態を意識することが有効かもしれない（國分功一郎（2017）『中動態の世界：意思と責任の考古学』医学書院）．小川公代（2021）『ケアの倫理とエンパワメント』（講談社）はこの中動態に着目し，ケアが陥りがちな規範に対する批判的視点を提示するものとして言葉にしがたいケアを文学作品から析出し提示している．

　二つ目にあげられるのは，ケアする人とケアされる人を取り巻く場や環境へのまなざしである．現在，家庭や保育施設，学校，病院などは，単独では十分なケアを達成できない．ニーズを充足するケアは「連帯という協力原理にもとづいて，必要に応じて分配されなければならない」（p.20）とし，高齢者のケアについて「地域住民が地域社会の資源を利用するルールを決定することができれば，地域社会の生活ニーズは充足可能となる」（p.24）と神野直彦（2008）「ケアをささえるしくみ」（上野千鶴子・大熊由紀子・大沢真理・神野直彦・副田義也（編）『ケアを支えるしくみ』岩波書店所収）は述べている．しかし地域住民によって構成されるコミュニティは，工業化・都市化により紐帯が緩解し，人為的な結び直しが求められている（大橋謙策（2014）「社会福祉におけるケアの思想とケアリングコミュニティの形成」，大橋謙策（編著）『ケアとコミュニティ：福祉・地域・まちづくり』ミ

ネルヴァ書房所収参照）．前著で立山が述べた「高ケア社会」に向けた取組が実践・研究されているといえよう．

　ティーチングとケアリングを改めて統合しようとする学校の実践研究（第1章，第11章参照）は，佐藤学の「学びの共同体」論にとどまらない．例えば貧困だけでなく外国にルーツのある子どもや性的マイノリティ，障害などからくる複合的な困難さを抱える子どもに対して，個別的ケアを行うにとどまらず，それらの子どもを学校が排除する機能をもつことを批判し，社会的包摂の必要性を訴える実践研究が出てきた（柏木智子・武井哲郎（編著）（2020）『貧困・外国人世帯の子どもへの包括的支援：地域・学校・行政の挑戦』晃洋書房ほか）．また，学校以外の場での学び，子ども期以外の学びについて，社会教育と福祉の垣根を越え，組織的連携だけでなく，ケアする人・ケアされる人の連携や協同も視野に入れた研究も現れている（山野紀子・吉田敦彦・山中京子・関川芳孝（編）（2012）『教育福祉学への招待』せせらぎ出版）．

　ケアは，自立（律）と依存，強さと弱さ，能動と受動，理性と感性といった二項対立的な思考の見直しを提案してきた．上述した研究はその成果の一部に過ぎない．ケアを「自分には関わりのないこと」と言い切れる人は，キテイの言葉「誰もがみなお母さんの子ども」であったことを忘れている．「人新世」と呼ばれる時代に生きる私たちは，誰もがみな，次世代を含めた誰かを，そして人の暮らしを取り巻くあらゆるものについて，ケアする責任を担っているといえよう．ゆえにケアする人の育成は，専門家の養成に限らず求められている．また同時にニーズの充足に向けて，私たちはケアされる人としても成長する必要がある．そうすることで，支配―従属の関係に陥りやすい，特定の誰かに自分の全てを委ねざるを得ないようなケアから，複数の人からのケアを受け入れる準備が整うだろう．このケアリングのネットワークを基盤として，ケアする人をケアする仕組みができれば，高ケア社会の実現は遠くないと期待される．

学びを深めるために（参考文献一覧）＊本文中に上げた文献は除く

冨岡薫（2021）「Joan C. Tronto, Moral Boundaries: A Political Argument for a Ethic of Care, Routledge, 1993年」, *Tokyo Academic Review of Books, vol. 24*, URL: https://doi.org/10.52509/tarb0024（最終閲覧日2022年2月13日）

内野綾子（2011）「「ケア」の再検討：フェミニストによる正義・平等の観点からの「ケア」の考察をもとに」『教育福祉研究17』

第Ⅰ部

ケアリングの諸相

第1章　学校教育の場におけるケアリング

中　野　啓　明

第1節　教育の場におけるケアの軽視傾向

●「教える」ことの偏重

　日本語の「教育」を意味する英語は，education である．その education の語源は，ラテン語の educatio から派生した educere や educare に遡るとされている．ここで注目すべき点は，educare という語には，care という語が含まれているという点である．つまり，education の本来の意味には，care が含まれていたのである．日本語の「教育」という語は，「教える」という語と「育てる」という語から成り立っているが，英語圏においても，「育てる」という意味での care という語が，本来は含まれていたのである．

　しかしながら，日本の学校教育の場においては，「育てる」という意味の educare ではなく，「引き出す」という意味の educere が拡大しつづけている．こうした背景の一つとして，教育の結果に関する説明責任としてのアカウンタビリティが過度に強調されてきたことを挙げることができるであろう．

　アカウンタビリティが強調されていることは，平成の時代の学習指導要領における「基礎的・基本的な知識及び技能」に関する記述の変遷からも見て取ることができる．すなわち，「基礎的・基本的な知識及び技能」に関しては，平成元年版の「指導の徹底」から平成10年版では「確実な定着を図る」へ，そして平成20年版からは「確実に習得させる」へと変化してきているのである．つまり，教えたという事実だけではなく，教えた結果をより重視するようになってきているのである．「全国学力・学習状況調査」は，その代表例といえよう．「学力」などの数値に基づくアカウンタビリティのみを過度に強調することは，education の一部である「引き出す」という意味の educere をさらに拡大させ

ることつながるのである.

　しかし,「育てる」という意味の educare ではなく,「引き出す」という意味の educere のみが拡大しつづけている現状に対して,齋藤勉は,「教育,すなわち education が十全に動かなくなっているという実態がある[1]」と批判する.

　佐藤学もまた,近代の学校教育について,次のように批判している.

> 　私たちが「ティーチング」として意識している教育の前提には,人類の歴史にわたる「ケアリング」のいとなみがあるのであり,しかも,その「ケアリング」は,子どもも一人前の人間として参加する共同体の責任において遂行されていた.この「ケアリング」のなかに文化を伝承するいとなみも埋め込まれていたのだが,近代の出現は,そこから「ティーチング」の機能だけを純化して抽出し,学校教育として制度化している[2].

　佐藤は,近代の学校教育が,それまでの教育の前提にあったケアリング (caring) の機能を喪失させ,ティーチングの機能のみを強調してきたとして批判しているのである.

　齋藤も佐藤も,学校教育,特に小学校以上の学校教育においては,「教える」という側面が強調され過ぎてきているがゆえに,教育における「育てる」側面としてのケアを問い直す必要があるというのである.

● 保育の場でのケアの位置づけ

　では,小学校入学前の幼児教育（保育）の領域において,ケアという語はどのように位置づけられているのであろうか.

　「日本保育学会」の英語表記は「JAPAN SOCIETY of RESEARCH on EARLY CHILDHOOD CARE and EDUCATION」である.したがって,「保育」に該当する英訳は,「early childhood care and education」となり,education だけではなく care が含まれていることになる.また,厚生労働省の英語版ホームページを参照すると,保育所は day-care center となっており,childcare は保育もしくは子育ての英語訳として使用されていることが確認できる[3].

　2017（平成29）年３月に告示された『保育所保育指針』では,保育所保育の

特性を「養護及び教育を一体的に行うことを特性としている」と記述している．保育所保育の特性は，「養護及び教育を一体的に行うこと」にあるのであり，ここでいう「養護」とは，ケアを意味しているのである．

　しかしながら，幼児教育の現場においても，ケアをどのように位置づけるのか混乱があることも否めない．

　今から10年以上前の出来事であるが，幼稚園と保育所の関係者が集まったある研修会で講演を行う機会があった．その研修会が終わった直後に，幼稚園関係者から次のような質問を受けた．「幼稚園では教育を行っているのですが，保育所で行っている養護というのがどうしても理解できない」．私は，「講演でも触れたように，幼稚園での教育活動にも，ケアの側面があるはずですが……」と回答したのだが，質問をされた幼稚園関係者は腑に落ちない様子であった．

　この出来事は，同じ幼児教育に携わっている幼稚園関係者にとってでさえ，ケアが単なる「世話」を超えるものであることを実践感覚として理解されているとは言い難いことを意味しているのではなかろうか．

第2節　学習指導上のケアリング

● 教育的ケアリング

　教育学の領域においても，ケア（care）もしくはケアリング（caring）が注目されるようになってきている．ここでいうケアとは，意識状態を指し示している．一方，ケアリングは，ケアに対して，実際の行為や行動を強調しているものである．教育学の領域におけるケアリング研究の先駆者としては，『ケアリング』（1984）を著わしたノディングズ（Nel Noddings, 1929-2022）を挙げることができる．

　教育的ケアリング（educative caring）は，教育学的ケアリング（pedagogical caring）とケアリング教育（education of caring, caring education）とを含んでいる．教育学的ケアリングを提唱したのはハルト（Richard E. Hult, Jr.）であるが，ハルトを批判することでノディングズはケアリング教育を唱えたのである．

　ここでいうケアリング教育と教育的ケアリング，および教育学的ケアリング

と教育的ケアリングを，私は次のように区別している[4].

　教育学的ケアリングとは，教師による子どもへの直接的なケアリングのことである．また，ケアリング教育とは，子どもにケアリング能力を形成していくことに焦点がある．一方，教育的ケアリングとは，子どもにケアリングの能力を形成していくために教師が何を行うのかという視点に立ったケアリングのことである．

　教育的ケアリングと教育学的ケアリングの相違点は，ケアリングの対象からすれば，教育学的ケアリングが人間だけを対象としているに対して，教育的ケアリングが動物や植物，事物などの環境までケアリングの対象に含んでいる点にある．ケアリング教育の対象も，人間だけにとどまらず，動物，植物，事物，観念にまで及んでいるのであるから，ケアリングの対象からからすれば，教育的ケアリングの対象もケアリング教育と同様である．また，子どものケアリング能力の形成をめざしている点も，ケアリング教育と類似している．しかし，教育的ケアリングは，子どものケアリング能力を形成するために教師が何を行うかという，教師のケアリング能力の形成をも視野に含んでいる．教師のケアリング能力の形成まで視野に含んでいるかどうかが，ケアリング教育と教育的ケアリングの相違点となる．

● 教師が子どもに直接行うケアリング

　教師による子どもへの直接的なケアリングは，教育学的ケアリングに該当する．齋藤は，「日常の教育活動では，教育学的ケアリングは学習指導と生徒指導として行われている」とした上で，教育学的ケアリングを学習指導上のケアリングと，生徒指導上のケアリングに分類して述べている[5].

　齋藤は平成10年版の中学校学習指導要領に基づきながら，生徒指導上のケアリングについて，次のように述べている．

　　「人間関係」「生徒理解」「家庭や地域社会との連携」「障害のある幼児児童
　　生徒や高齢者との交流」は，生徒指導上のケアリングのことをいっている．
　　この子どもは学級内でいじめにあっているのではないか，あの子どもは障
　　害のある子どもと接する社会的スキルでトラブっているのではないかとい

う教師のケアリング器量によって指導の充実が図られている⁶⁾.

　いじめ問題や不登校, 児童虐待等の深刻化に伴い, 教師の生徒指導上のケアリング能力は一層求められてきているといえよう.

　一方, 学習指導上のケアリングはどうであろうか. 齋藤は平成10年版の中学校学習指導要領に基づきながら, 学習指導上のケアリングについて,「『個性を生かす教育の充実』『個に応じた指導の充実』は, 学習指導上のケアリングのことをいっている⁷⁾」と述べている.

　平成29年版の中学校学習指導要領でも, 第1章総則の「第1　中学校教育の基本と教育課程の役割」において, 生徒の「個性を生かす」教育の充実について, 次のように記述されている.

　　基礎的・基本的な知識及び技能を確実に習得させ, これらを活用して課題を解決するために必要な思考力, 判断力, 表現力等を育むとともに, 主体的に学習に取り組む態度を養い, 個性を生かし多様な人々との協働を促す教育の充実に努めること.

　また,「個に応じた指導」の充実についても, 第1章総則の「第4　生徒の発達の支援」において, 次のように記述されている.

　　生徒が, 基礎的・基本的な知識及び技能の習得も含め, 学習内容を確実に身に付けることができるよう, 生徒や学校の実態に応じ, 個別学習やグループ別学習, 繰り返し学習, 学習内容の習熟の程度に応じた学習, 生徒の興味・関心等に応じた課題学習, 補充的な学習や発展的な学習などの学習活動を取り入れることや, 教師間の協力による指導体制を確保することなど, 指導方法や指導体制の工夫改善により, 個に応じた指導の充実を図ること.

　「個性を生かす教育の充実」「個に応じた指導の充実」は, 平成29年版の学習指導要領においても, その充実が求められているのである.

　齋藤は, 学習指導上のケアリングについて, 次のように述べている.

　　この子どもはこの学習でつまずいているのではないかという教師のケアリ

ング器量によって指導の充実が図られている.

　テストの採点結果，リポートの点検，授業中などに，その子どものつまずきを知ることができる. しかし，知ってから何もしない教師も多いのである. ……

　教員養成の仕事をしている私は，大学生の教育実習の指導とベテランの教師の指導を比較したりして，大学生のケアリング器量の向上を図っている. この仕事でも，個に応じた指導力の方が一斉画一の指導力よりも形成が難しいのである.

　教育学的ケアリングの器量の形成は，特別支援教育によっていっそう必要度が高まる現状にある[8].

　齋藤は「個に応じた指導力」や「特別支援教育」について言及しているが，こうした学習指導上のケアリング能力は一層求められてきているといえよう. というのも，「アクティブ・ラーニング」の普及に伴ってグループ活動が多用されるようになってきているが，グループ活動が停滞しているグループに対して何も働き掛けを行わない教師も多いからである. また，一般の学級においても，特別な支援を必要とする子どもも多く在籍するようになってきているが，そうした子どもへの配慮に欠けた授業を展開する教師も多いままだからである.

　授業の中で教師が「教える」という行為には，学習指導上のケアリング能力が必要なのである.

第3節　学習活動としてのケアリング

● ケアリングを通しての「知」の形成

　教育的ケアリングは，教育学的ケアリングとケアリング教育とを含んでいることを，第2節で述べた. その上で，教育学的ケアリングは教師による子どもへの直接的なケアリングのことであり，生徒指導上のケアリングに留まらず学習指導上のケアリングもあることを述べた.

　では，子どもにケアリング能力を形成していくことに焦点化されるケアリング教育は，どのようにして具現化されるのであろうか. 結論から述べるならば，

ケアリング教育は，学習活動としてのケアリングを教育活動の中に組み込むことによって具現化されることになる．

　デューイ（John Dewey, 1859-1952）は，ケアリングに注目して，次のようにいう．

　　情報を与えるための実物教授（object-lessons）としてもくろまれた実物教
　　授は，どれほど頻繁にやってみたところで，農場やガーデンで実際に植物
　　や動物と共に生活し，そのケアリングをしているうちに身につき，その動
　　植物に精通するような知（acquaintance）には，とうてい代わりうるもので
　　はない[9]．

　　ガーデニングや，機織り，木工，金工，料理等々の様々な活動といった基
　　本的な人間の諸関心事を学校で利用できるものにすることが，単なる日常
　　の価値しか持っていない，という非難は，見当違いである．……例えば，
　　ガーデニングは，将来庭師になる準備のために教えなければならないもの
　　でもなければ，快適な余暇の過ごし方として教えなければならないもので
　　もない．それは，農業や園芸が人類の歴史の中で占めてきた位置や，現在
　　の社会機構の中で占めている位置についての知識へアプローチする一つの
　　道（an avenue of approach to knowledge）を提供するのである．教育的にコ
　　ントロールされた環境（an environment educationally controlled）の中で行わ
　　れるならば，それらは，成長の諸事実，土壌の化学，光や空気や水分の役
　　割，有害な動物や有益な動物の生活，等々を研究するための諸手段となる．
　　植物学の初歩的な調査（study）において，様々な種子の成長へのケアリン
　　グ（caring for the growth of seeds）と結びつくような生き生きとした方法
　　（vital way）で導入することができないようなものは，何一つない．だとす
　　れば，植物学といわれる特殊な学問に属する教材ではなく，生活に属する
　　ものとなり，さらに，土壌や，動物の生活や，人間関係の諸事実との自然
　　な相互関係を見いだすものになるであろう[10]．

　デューイは，ガーデニングを例に，どんなに「実物教授」をしようとも，
「ケアリングをしているうちに身につき，その動植物に精通するような知には，
とうてい代わりうる」ことはできない，という．また，「様々な種子の成長へ

のケアリング」をとおしてこそ，植物学の初歩を学ぶことが可能だとしている．というのも，ケアリングが「知識へアプローチする一つの道」を示すからであり，ケアリングを通して得られた「知」の方が情報から得られた「知」よりも生き生きとしているからである．

　デューイは，子どもたちが学習活動としてのケアリングを通してこそ，「知」が形成されるとしているのである．つまり，教科等での学習におけるケアリング教育は，学習活動としてのケアリングをいかに組み込むかによって具現化されることになる．

　教育におけるケアリング概念は，ハイデガーのいう Sorge の英語表記がcare であることや，ノディングズが「ケアリング関係は，もっとも基本的な形において，ケアする人（carer）と，ケアの受取人（recipient）すなわちケアされる人という，2人の人間存在間のつながり（connection），もしくは出会い（encounter）である」というように，人間関係や存在論に関わる問題として扱われることが多い．

　しかしながら，ケアする側としての教師とケアされる側の子どもに関する問題だけではなく，子ども相互の問題や，事物や観念にまでケアリングの対象が及んでいることが，（教育における）ケアリングの特徴なのである．

　教育においてケアリング概念を導入することの意義を明らかにするためには，存在論からだけではなく認識論からのアプローチも必要なのである．

● 「学習環境」の組織化

　ところで，デューイは，ガーデニングそのものと，学校でのガーデニングとを区別していた．区別するための基準は，「教育的にコントロールされた環境」の有無である．この「教育的にコントロールされた環境」を，ここでは「学習環境」と呼ぶことにする．

　ケアリング教育を学校や教室の中での教科等での学習において位置づける際には，教師と子どもとの関わりや子ども相互のやりとりといった人に関わるケアリングのみに収斂するのではなく，場所や物といった「学習環境」をいかに構成するかという点をも考慮すべきである．というのも，学習活動が成り立つためには，「学習環境」をいかに構成しているかということが実際の授業では

重要となってくるからである.

　「学習環境」としての場所の具体例を, 教室という空間で考えてみよう. 近年では, 特別支援教育の視点から, 教室の前方である黒板の周辺には掲示物を貼らず, スッキリとした掲示を行っている教室を見ることも多くなってきた. これは, 余計な視覚情報を子どもに与えないという配慮からなされているものである. また, 学習活動の見通しを子どもに持たせるために, 時計の絵カードで活動内容をあらかじめ示しておいたりすることも行われている. さらに, 大学などでは, グループ活動が行いやすいようにキャスター付の机と椅子をあらかじめ備えている教室も出てきている.

　「学習環境」としてのモノの具体例の一つに, コンピュータやタブレット端末を挙げることができる. 先日参観した中学校の授業でも, タブレット端末を活用した授業が展開されていた. その授業では, 子ども2人に1台のタブレット端末でワークシートを撮影し, クラウド上にアップロードした上で, 他の生徒の考えと自分の考えを比較するという活動を行っていた. そのクラスの生徒達がクラス全員分の写真を閲覧するのにかかった時間は, 5分ほどであった. これは, 従来の言葉による伝達と比べるならば, 4人程度のグループになってからグループ内のメンバーの考えを聞くのに要する時間よりも少ないといってよいであろう. なお, 1人1台ではなく, 2人に1台であったがゆえに, 互いに協力しながらタブレットを操作する姿や, 互いに感想をつぶやく姿も確認することができた.

　また, 幼稚園や保育所などの幼児教育の現場においては, 保育活動のための環境をどのように構成するか事前に考えておくことを「環境構成」と呼び, 意図的・計画的な保育を行っている. 例えば, ままごと遊びのコーナーを保育室のどこに配置しておくか, 子どもが自由に使える折り紙はどこに置いておくか, 園庭の砂場ではどのような道具がつかえるようにしておくか, などである. 環境構成は, 子どもが遊びに没頭するためには極めて重要な要素でもある.

　デューイは, 『経験と教育』(1938) において, 「現在に至ってもなお, 進歩主義的学校における最大の弱点は, 知的教材の選択と組織化に関係している[12]」と述べていた. デューイのこの言明を「学習環境」に置き換えるならば, 「学習環境」の選択と組織化こそが, 学習活動としてのケアリングの内実を深めるこ

とにつながる方策となるといえよう.

　子どもたちの学習活動としてのケアリングを通して,「こうすれば, こうなるであろう」といった見通しとしての「結果についての予期や予見 (anticipation or foresight of the outcome)」という「知」や「価値」が形成されていくのである. こうした「知」や「価値」を子ども自身が身につけた時こそ, 子どもはケアリング能力を身につけたといえるのである.

　子どもにケアリング能力を形成するための教師の力量, すなわち教育的ケアリングに関する力量をいかに形成していくかが, 今後の課題である.

注
1 ）　齋藤勉（2006)「学校教育におけるケアリング」中野啓明・伊藤博美・立山善康編著『ケアリングの現在——倫理・教育・看護・福祉の境界を越えて』晃洋書房, 3 .
2 ）　佐藤学（1995)『学び——その死と再生』太郎次郎社, 162-163.
3 ）　https://www.mhlw.go.jp/english/wp/wp-hw11/dl/07e.pdf　2023年 1 月31日.
4 ）　中野啓明（2002)『教育的ケアリングの研究』樹村房, 15-17参照.
5 ）　齋藤勉, 前掲書, 11-13.
6 ）　同書, 12-13.
7 ）　同書, 12.
8 ）　同上.
9 ）　Dewey, J.（1900) *The School and Society*, in The Middle Works（以下 MW と略記), Vol. 1, Southern Illinois University Press, 1976, 8.
10）　Dewey, J.（1916) *Democracy and Education*, in MW, Vol. 9, Southern Illinois University Press, 1980, 207-208.
11）　Noddings, N.（1992) *The Challenge to Care in Schools: An Alternative Approach to Education*, Teachers College Press, 15. 引用文中の傍点は, 原文ではイタリック体である.
12）　Dewey, J.（1938) *Experience and Education*, in The Later Works（以下 LW と略記), Vol. 13, Southern Illinois University Press, 1988, 53.
13）　Dewey, J.（1949) "The Field of 'Value'", in LW, Vol. 16, 1989, 347.

学びを深めるために
デューイ, J.（1998)『学校と社会・子どもとカリキュラム』市村尚久訳, 講談社.
デューイ, J.（2004)『経験と教育』市村尚久訳, 講談社.
中野啓明（2002)『教育的ケアリングの研究』樹村房.
中野啓明・伊藤博美・立山善康編著（2006)『ケアリングの現在——倫理・教育・看護・福祉の境界を越えて』晃洋書房.

ノディングズ，N.（1997）『ケアリング——倫理と道徳の教育——女性の観点から』立山善康他訳，晃洋書房．

ノディングズ，N.（2007）『学校におけるケアの挑戦——もう一つの教育を求めて』佐藤学監訳，ゆみる出版．

林泰成編著（2000）『ケアする心を育む道徳教育——伝統的な倫理学を超えて』北大路書房．

教育・保育の視点から

第2章　スクールカウンセリングと心のケア

林　　泰成

はじめに

　心をケアする専門職としてカウンセラーという職種がある．これまでは，多くのカウンセラーは，臨床心理士をはじめさまざまな民間の資格を取得して，業務を行ってきたが，2015年9月16日に公認心理師法が公布され，2017年9月15日に施行されて，公認心理師という資格が国により制度化された．今後，カウンセリングに関する職は，今まで以上に，より明確に専門職として位置付けられることなるだろう．

　こうしたカウンセラーのなかでとくに学校において業務を行う者は，スクールカウンセラー（以降，節のタイトルや引用を除いて「SC」と略記）と呼ばれている．SCは，心理相談を行うため，とくに，児童生徒の成績評価を行わず，また保護者とも利害関係が存在しないというような，「第三者性」や「外部性」が求められる．こうした位置づけで実施されているSC事業は，その存在意義や効果が主張されており，現在では，中学校を中心にして多くの学校に配置されている．

　では，そうした心理相談は専門家に任せておけばよいのだろうか．そうした専門家としてのSCが行う心のケアと，教師あるいは一般人が日頃の生活のなかで行う心のケアはどういった点で異なるのであろうか．ケアやケアリングということの重要性が主張され，多くの賛同者を得ているのは，そうした専門職を増やすことに対する要求があるということなのだろうか．

　本章では，こうした問題を検討したい．

第 1 節　スクールカウンセラーの制度と活動の概要

まず，現在の SC 制度の概要を確認しておこう．

日本のスクールカウンセラーの配置は，1995年度に「スクールカウンセラー活用調査研究委託事業」として始まり，2001年度には「スクールカウンセラー活用事業補助」という名称で，国の 1 ／ 2 補助事業として本格的に実施されることとなった．

現在では，教育支援体制整備事業費補助金による「スクールカウンセラー等活用事業」として実施されている[1]．SC の選考は，次の 5 つの要件のいずれかに該当する者となっている．

① 公認心理師
② 公益財団法人日本臨床心理士資格認定協会の認定に係る臨床心理士
③ 精神科医
④ 児童生徒の心理に関して高度に専門的な知識及び経験を有し，学校教育法第 1 条に規定する大学の学長，副学長，学部長，教授，准教授，講師（常時勤務をする者に限る）又は助教の職にある者又はあった者
⑤ 都道府県又は指定都市が上記の各者と同等以上の知識及び経験を有すると認めた者

また，「準ずる者」として任用される場合もある．

スクールカウンセラー等活用事業は，国の定めたその実施要領によれば[2]，① スクールカウンセラー活用事業，② 電話相談事業，③ 災害時緊急スクールカウンセラー活用事業，を実施できる．その①を説明する文章の一部として，「児童生徒の心のケアに加え，教員のカウンセリング能力等の向上のための校内研修や児童生徒の困難・ストレスへの対処方法等に資する教育プログラムを実施する」と記されている．

「児童生徒の心のケア」という言葉に端的に示されているように，子どもたちの心の問題を解決する役割を担わされている．教師もまた，教えるという役割の他に，日頃の学校生活のなかで子どもたちのそうした心の問題を扱ってい

るが，しかし，心のケアに特化した SC には，専門職として，より高度な知識と技能が求められている．そのことは，選考に際して，国家資格としての公認心理師や，臨床心理士，精神科医などの要件が求められていることからも明らかである．

　筆者は，委託事業から活用事業補助へ移行した時期に 5 年間にわたって，現在の選考要件で言えば，④の資格で，SC として，公立の高校，中学校（およびその校区の小学校）に勤務した．

　筆者の場合，SC としての勤務は，週 1 回 8 時間で，年間35回という勤務形態であった．主として，登校しぶり，不登校，引きこもりの児童生徒を対象としていた．勤務先の学校によっても，対象児童生徒によっても，対応は異なっていたが，非社会的問題行動を中心に扱っていたという点は変わらない．反社会的な問題行動は，学校の生徒指導部で対応していたが，SC として相談を受けることがなかったというわけではなく，情報共有という点ではつねに関わりがあったと言える．

　中学校に勤務した 2 年間は，SC が勤務する日に，生徒指導部会と教育相談部会を，毎回それぞれ50分間ずつ，教頭と関係教員を入れて数名で行っていた．問題の共有化という意味では，大いに役立ったし，また，この部会で守秘義務を担うようにしていた．つまり，情報は部会で共有し，それをどの範囲に公表するかは，その部会で決定していた．[3)]

　直接児童生徒の相談を受ける場合は，相談室で対応した．筆者は，SC の業務を引き受けるにあたって，上級教育カウンセラーや日本カウンセリング学会の認定カウンセラーの資格などを取得したが，基本的には，来談者中心療法をベースにした折衷的なアプローチをとっていた．

　カウンセリング場面を振り返ってみると，受容的・共感的な態度で，クライエントである児童生徒の話を聞くということになる．その場合，1 対 1 の関係のなかで，やり取りが進行する．こうしたやり取りは，本人の考え方次第で問題が違って見えるような事例であれば，解決に導くこともできる．しかし，多くの人々がかかわる関係性のなかでのトラブルは，クライエントに寄り添い，ケアしているように見えても，問題の根本的な解決につながらない．たとえば，いじめ問題がそうした困難な問題の一例である．

いじめの場合は，部会メンバーへつなぎ，担任，学年主任，養護教諭等の協力を得て，保護者に連絡し，場合によって，児童相談所や警察，その他の専門機関（たとえば大学の相談室）へつなぐこともあった．

こうした SC の動きは，心のケアとどう関係しているのだろうか．

第2節　スクールカウンセリングにおける個と集団

「育てるカウンセリング[4]」と呼ばれているものを除けば，多くのカウンセリングの理論は，1対1の関係性の中で対応することが中心になっている．いわば，「医者—患者モデル」と名付けられるような形である．

クライエントが，相談室を訪れ，問題の相談をする．それを SC が傾聴し，受容的・共感的に対応する．「受容的・共感的」とは言っても，まったくクライエントの言いなりになるというわけではない．クライエントの言葉と行動の食い違いに直面させるような「対決（confrontation）」の場面もある．もちろん，そうした場合でも，クライエントに対する支持的な態度は維持し続けなければならない．

こうした流れでは，SC がケアする人で，クライエントはケアされる人である．問題や困難の原因は，SC が指摘しなかったとしても，暗にクライエントの中に措定されてしまっているように思われる．それに気づかせることが SC の役割であるかのようにみえる．

ところが，たとえば，児童生徒の問題行動の解決のために，保護者に相談室に来ていただくと，児童生徒の問題行動が，家庭の中の人間関係に起因しているように思われることがある．

これも一例をあげるならば，児童生徒の登校しぶりが，両親の不仲を取り持つ行動のようにみえるような場合である．両親が離婚をしようとしているような場合，子どもはそれにうすうす気がついており，「自分が問題行動を起こせば，両親は自分のために相談し仲良くしてくれる」と思っているかのような状態である．もちろん，そのように見えても，子どもにとっては，無意識の行動として登校しぶりが発露していることもありうる．

こうした問題に対しては，家族療法がある．この立場では，家族関係のシス

テムのなかで弱い部分に問題が発生していると考える．問題の解決は，登校しぶりの子どもではなくて，家族関係のシステムを修復することである．しかし，このようなアプローチに対しては，「伝統的な理想的家族関係システムが想定されているのではないか．なぜそれが望ましいと言えるのか」と批判的な意見があるかもしれない．

　家族療法としても用いられているのは，上記のシステム論的アプローチばかりではない．ナラティブセラピーというものもある．

　「ナラティブ」とは「物語」という意味である．この立場では，問題はクライエントのなかにあるのではないと考え，問題を外在化する．その問題は，クライエントが生きている物語にあると考え，その物語を構築している共同体の在り様を考えることで問題を変えようとする．この立場では，理想的なシステムは最初から否定されている．それを作っているのは私たちだという認識から始まる．したがって，社会構築主義の立場に立つカウンセリングである．⁵⁾

　具体的に説明する．たとえば，怒りん坊のA君は，「怒りん坊のA君」という物語を生きている．しかし，朝起きてから床に入るまでずっと怒り続けているわけではないし，自ら好んでそう自称しているわけでもない．それなのに，ある場面を取り出されて，周囲の人々から「怒りん坊」というラベルを貼られ，怒りん坊のA君の物語を生きているのである．解決策は，A君の行動の修正だけではない．周囲の人々を巻き込んで，ラベルをはがさなければならない．したがって，これは，家族関係だけでなく，学校の中でのいじめ等の問題解決にも有効な手段であると言えよう．

　人間関係の問題解決のためには，SCがクライエントに1対1で対応することには限界がある．コミュニティのなかで，関係をどう構築し直すかということまで考えなければならない．そのときのSCの介入の視点は，もはや，医者―患者モデルではありえないだろう．

　したがって，学校においても，SCばかりでなく，現在では，スクールソーシャルワーカー（以降，SSWと略記）という職種もある．SSWは，児童生徒との相談を行う場合もあるが，学内の関係者との相談を行ったり，さまざまな関係機関につないだり，環境に働き掛ける業務も行うのが一般的である．

　SC制度に意味がないということではない．個人にその責任を帰すべき問題

もあると考えられるからである．しかし，一方で，関係性が先行している問題もある．そうした関係性の再構築を試みようとするとき，SC は，外部の専門家としては行動できないだろう．とうぜん，SC 自身がその関係性のなかに組み込まれることになる．

　SC は，個の問題に対応しつつも，その問題を集団の関係性の中で捉え直しができないかと考える必要があろう．しかし，その場合，SC は，外部の専門家としては活動しにくい状況に陥るのではないかと思われる．

第3節　心のケア

　心のケアとは，いったい何を意味しているのだろうか．

　たしかに，私たちは，自分では抱えきれない悲しみや苦しみに出会うことがある．他者から見れば，たいしたことではなくても，本人にとってはほんとうに苦しい状況にあるということもある．そうしたときに，自己の力で乗り越えられない以上は，他者の助けを借りる必要があるだろうし，それが制度化されていることにも意味がある．SC だけでなく，社会的にそうした専門職がさまざまな形で存在していることも大切なことである．

　一方で，カウンセラーというような専門職が存在していなかった時代でも，そうした役割を担う人たちはいたと言えよう．たとえば，筆者は田舎に住んでいたが，親しい身内を亡くしたとき，自宅での葬儀の後も，毎日，お坊さんがお経をあげにきてくれ，また，毎日のように友人が訪ねてくれた．それが1週間もたつと，1日おきになり，週1になり，やがて月1回，年1回と減っていく．その間に，何度も何度も亡くなった身内の話に耳を傾けてくれる．やがて，残された家族はその事実を受け入れ，苦しい現実が懐かしい思い出へと変貌していく．こうした行為は，筆者の住んでいた地域ではごく普通のことだった．仏教の教えを中心に置いて，心のケアが制度化されていたようにも見える．

　現在の SC の制度と大きく違うのは，「お互い様」というような考え方で，カウンセラーの役割を担う者が変化するということであろう．

　SC にかぎらず，カウンセリングに関する制度化は，専門的な知識に基づいた対応ができる者を養成するという点で，効果的であると言える．しかし，一

方で，社会制度の中に埋もれていた，伝統的な互恵的ケアリングの関係を壊す
というような一面もあるように思う．上述の葬儀の話は，じつは現在では行わ
れていない．葬儀そのものを自宅で行うことがほとんど無くなってきているし，
互助的な関係性が薄れて，町内会でそうしたことはやめようという話になった
からである．

第4節　災害時等のケアと日常的ケア

　災害時等の支援については，国連の機関間常設委員会（IASC：Inter-Agency
Standing Committee）からガイドライン[6]が出されており，そのなかで，「災害・
紛争時等における精神保健・心理社会的支援の介入ピラミッド図」（図2-1）
が示されている．
　こうした重層的な役割分担においては，SCは資格を有した者であるという
点で，「専門的サービス」あるいは「特化した非専門的サービス」の層に該当
すると思われる．前述したスクールカウンセラー等活用事業には，「災害時緊
急スクールカウンセラー活用事業」も含まれている．そうした対応も可能な者
がSCとして活動していると言える．しかし，SCがカウンセリング活動のな
かで行う「心のケア」は，もっと日常的なものである．
　たとえば，女子中学生[7]から，「私は，Aさんと友だちになりたいのだけれど，
Aさんの友だちにBさんがいるから友だちになれない．AさんとBさんの関
係を切る方法はないでしょうか」というような相談を受けたことがある．「3
人で仲良くすればいいのではないか」と答えたい気持ちになるが，直截にその
ように答えてはこちらから関係を遮断するようなものである．「なぜAさんと
友だちになりたいのか，なぜBさんとは友だちになりたくないのか，友だ
ちってどういう人のことなのか」．そうしたことを丁寧に聴くことから始めな
ければならない．
　こうした相談は，災害時の相談やいじめなどの緊急対応を要する相談と比べ
れば，たいした問題ではないようにも思われる．しかし，こうしたことについ
ても，丁寧に対応できているということが，ラポール（心が通い合った状態）の
形成，あるいは，ケアしケアされる関係ができているということにつながり，

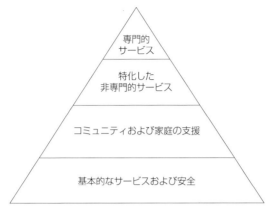

図 2 - 1　災害・紛争時等における精神保健・心理
社会的支援の介入ピラミッド図

出典）IASC（2007）

緊急時にも助けを求める声を SC に伝えようと思うことにつながるのではない
か.

　だが，この友だち関係の相談は，専門職としての SC にしかできないことな
のだろうか. むしろ，友人や家族などの仲間内での相談の方が向いていると言
えるのではないだろうか.

　この問題は，明確に答えを示すことのできない問いかけである. 田中は，
「心理療法は，クライエントが自身のこころの問題の解決に向かって歩む道の
りに同伴することであるが，このような作業は，自分が日常生活のなかで経験
した（自分の，あるいは身近な他者の）"こころの問題" の連続線上で，クライエ
ントの抱えるこころの問題を理解しようとしていては決してなしえない」と言
う.「その問題や悩みはあくまでも，そのクライエントに固有のものである」
からである[8].

　たしかに，生半可な知識や自己の経験だけでは，事態をこじらせる危険性も
ある[9]. しかし，田中の言う「こころの問題」は，友だち関係の相談よりももっ
と重たくて難しい問題なのではないか. だが，そのように区別を付けようとし
ても，どこまでが素人の相談レベルの話で，どこからが専門家の領域だと明確
に線引きはできるのだろうか.

おわりに

　以前に書いた書物のなかで，筆者は，ケアリング倫理を，道徳教育とカウンセリングを橋渡しするものとして捉えた[10]．現在でもその考え方は基本的には変わらない．ケアしケアされる関係性を道徳の基盤に据えることで，規範を押し付けるという一面を有する道徳教育と，受容と共感を基礎的な対応として行われるカウンセリングをつなげることが可能なのではないかと考えるからである．しかし，それが橋渡しするものだと強く主張すると，今度は，ケアリングということ自体が制度の枠組みのなかに押し込まれていくように思われる．SC 配置事業の歴史を振り返ると，そうしたことが見て取れる．SC の制度化が SC の専門性を高め，結果として，素人的な対応を排除していくように思われるからである．もちろん，SC の専門性が高まることは悪いことではないと思う．だが，それが日常的なケアの排除につながるとすれば問題があるのではないかとも思う．心のケアには，困っている人のそばに寄り添うことが求められるのに，それが専門家にしか許されないものとなっていく危険性はないのだろうか．

　こうした事態に日常の関係性の中から異議申し立てをしているのが，ノディングズらの言う「ケアリング」の考え方だとは言えないだろうか．

　本章の「はじめに」で示した質問に答えて言えば，SC が行うケアは専門的知識とスキルによって行われるケアであり，教師や一般人のケアは「そこに共に居る」という形が優先されるケアである．また，ケアやケアリングの考え方に多くの賛同者がいるというのは，日常的なケアの重要性への気づきによるものだと思われる．以上が，本章での暫定的な回答である．

注
1）　文部科学省「スクールカウンセラー等活用事業実施要領」2013年4月1日（2018年4月1日一部改正）を参照.
2）　同上.
3）　公認心理師法では，第41条に「公認心理師は，正当な理由がなく，その業務に関して知り得た人の秘密を漏らしてはならない．公認心理師でなくなった後においても，同様とする」と秘密保持義務が規定されている．厳密に解釈すれば，今後はこうしたことはしてはならないと言えよう．しかし，SC が，教師からの情報は求めるが，自

分自身が知りえた情報は教師には伝えないという事態になれば，文科省が言うような「チーム学校」としての活動はできないということになろう．

4） 構成的グループエンカウンターやグループワークトレーニングなどのグループ体験，サイコエデュケーションなど．国分康孝代表編集（1998）「学級担任のための育てるカウンセリング全書」第1巻～第10巻　図書文化を参照．

5） さまざまな社会現象は，人々の関わりの結果として言語的に構築される，と考える社会学の立場．「社会構成主義」と訳される場合もある．

6） IASC（2007）「災害・紛争時等における精神保健・心理社会的支援に関する IASC ガイドライン」（日本語翻訳版）．

7） あえて「女子中学生」と記す．小学校高学年から高校生の女子児童生徒から同じような相談を何度も受けている．筆者の経験では，男子児童生徒から，こうした相談はあまりない．

8） 田中康裕（2017）『心理療法の未来――その自己展開と終焉について』創元社．

9） 「心理的デブリーフィング」という用語がある．災害や事故にあうなど，つらい経験をしたときに，その体験について詳しく話し，そのつらさや悲しみなどを克服する方法である．もともとは軍隊で用いられていた用語であり，状況報告や事実確認を意味する．しかし，近年では，その無効性が報告され，場合によっては，PTSD（心的外傷後ストレス障害）を予防するどころか悪化させることがあると報告されており，災害直後にデブリーフィングを強制するようなことはやるべきでないとされている．1995年1月17日に起こった阪神・淡路大震災の際には実際に実施されたようであるが，2011年3月11日の東日本大震災の際には，「やってはならない」というような情報が出回っていた（例えば，上山眞知子（2017）「東日本大震災から学んだ心理社会的支援――子どもと高齢者への支援」『生涯発達研究』9．を参照）．生半可な知識で素人が対応することの危険性を示す話でもあり，また，一時期それが望ましいことであるかのように主張されていた時代もあることを思えば，専門家の知識といえども，伝統的に試行錯誤しながら構築されてきたケアの方法とそれほど異なるものでもないと思われる話でもある．

10） 林泰成（2006）「道徳教育におけるケアリング」中野啓明，伊藤博美，立山善康編『ケアリングの現在――倫理・教育・看護・福祉の境界を越えて』晃洋書房．

学びを深めるために

Gergen, K. J. and Gergen, M.（2012）*Social Construction: Entering the Dialogue*, Taos Institute Publications（ガーゲン，K. J., ガーゲン，M.（2018）『現実はいつも対話から生まれる――社会構成主義入門――』伊藤守監訳，ディスカヴァー・トゥエンティワン）．

McNamee, S. and Gergen, K. J.（eds.），（1992）*Therapy as Social Construction*, Sage Publications.．（マクナミー，S., ガーゲン，K. J. 編（2014）『ナラティヴ・セラピー――社会構成主義の実践』（復刊版）野口裕二・野村直樹訳，遠見書房）．

小沢牧子（2002）『「心の専門家」はいらない』洋泉社．

坂中正義・三國牧子・本山智敬編著（2015）『ロジャーズの中核三条件　受容――無条件

の積極的関心（カウンセリングの本質を考える 2)』創元社.

三國牧子・本山智敬・坂中正義編著（2015）『ロジャーズの中核三条件　共感的理解（カ
　ウンセリングの本質を考える 3)』創元社.

本山智敬・坂中正義・三國牧子編著（2015）『ロジャーズの中核三条件　一致（カウンセ
　リングの本質を考える 1)』創元社.

諸富祥彦（2014）『新しいカウンセリングの技法——カウンセリングのプロセスと具体的
　な進め方』誠信書房.

教育・保育の視点から

第 3 章　難病の子どもとその家族への支援

吉野真弓

は じ め に

　医療の発達に伴い，これまで助からなかった命が助かるようになってきた．その一方で，重篤な病気や障害を抱えながら生きている子どもたちがいる．今日，日本では難病で苦しんでいる子どもたちが25万人もいるといわれている（認定 NPO 法人難病のこども支援ネットワーク（以下，難病のこどもネットワーク））．難病の子どもたちがいるということは，その家族もまた同じように苦しんでいることを意味している．またこのような苦しみを抱えた家族が，つながりが持てず孤立化しているケースがあると指摘されている．本章では，そのような病児や家族がどのような状況であるか，またその支援について述べていくこととする．

　日本財団によると，子どもの難病（小児慢性特定疾病）に指定されている722疾病（2017年 4 月 1 日より），心臓，腎臓に関する疾病，小児がん，糖尿病など，様々な疾病を抱え，治療に向き合いながら生活している子どもは，全国で14万人以上とされている．また，人工呼吸管理や経管栄養など，何らかの医療的ケアを必要としながら自宅で生活している子どもは，全国で約 2 万人といると報告されている[1]．

　このような子どもたちや家族にとってどのような支援が必要であろうか．家族支援をするにあたっては，家族が自分の子どもの病気や障害をどのように受け止めている段階か配慮しながら支援していく必要がある[2]．病気の子ども（以下患児とする）には，それぞれ家庭があり，親やきょうだいがいる．特に入院している患児がいる場合，医療関係者は親と話すことはあっても，きょうだいやその家庭の生活まで考えることはないと考えられる．また日本の病院のほとんどは感染症の防止のため，面会が制限されている場合も多い．しかし医療者は

治療をし，保育・教育者はそれぞれの教育を通して，このような子どもたちや家族に寄り添っていく必要がある．近年，きょうだいの面会により患児が入院や治療に前向きになるといった効果が得られることが指摘されている．³⁾

　しかし現在，面会時間等きょうだいに十分配慮がされている状況とは言えず，学齢期のきょうだいは，学校が休みの土日に患児に面会しに来ることが多いだろう．医療や教育にかかわるものは，患児の家族成員がどのような生活を自宅でしているかまで考える余裕はないかもしれない．しかし上述のような患児への影響を踏まえると，個々の患児の病態を把握し，その家族がどの程度，子どもの病気や障害を受容している段階かを把握して支援していくことが重要である．

第1節　子どもの入院がもつ意味

　子どもが入院することは，家族にとってどのような意味をもつのだろうか．ここでは，生体肝移植をケースに述べていくこととする．移植と聞いてどのようなイメージがわくだろうか．日本は欧米諸国とは死生観が異なり極端に脳死での臓器移植が少ない．それゆえ結果として生体移植が選択される傾向にある．

　ここではまず親から子どもへの生体肝移植を取り上げて，子どもが入院することの家族への影響を指摘する．生体肝移植が必要になるという出来事は，家族にとって突然にふりかかる，予測がつかないものである．例えばライフサイクル上，子どもの出生前後から養育期における親の役割取得といった，あらかじめ予測ができる出来事に対しては，それが家族にとって危機をもたらすものであっても，対策を考えることができる．しかし，予測のつかない事故，病気，失業，災害といった突発的な出来事は対応が難しく，家族の崩壊につながる可能性が高いことが指摘されている．⁴⁾したがって家族にとって生体肝移植は，非常に危機的な状況に陥る出来事といえる．生体肝移植のために，一家族のうちでドナーとレシピエント（病児）が同時に入院・手術・治療をうけることは，他の家族成員にも大きな負担を強いる．家族のなかの2人が同時に入院したうえに，さらに死の不安も伴う手術を受けることは，家族にとって精神的，肉体的にも非常に負担が大きい．生体肝移植によって移植前後の患者や家族に心理

的・社会的問題が生じることが指摘されている⁵⁾．家族の成員のなかの誰かが入院するということは，きょうだいがいた場合預け先をどうしたらいいか，先端医療を受ける場合には，付き添いや面会をどうするのかなど，入院している間，家族は精神的にも肉体的にも負担を強いられることが予想できる．また吉野らの研究によると⁶⁾，肝移植経験の家族の状況は，ドナーに関して選択の余地があったものは5割で，選択できる場合は自分の肝臓を強く希望するケースや，入院中の子どもの付き添いを理由にドナーを選んだり，父親がドナーになると将来の経済的な不安につながったりするケースがあげられた．移植が必要と告知された家族は，子どもの病気の予後への不安，家庭生活への不安，経済的な不安が高かった．また子どもの付き添いは主に母親が行っていた．母親が仕事をしていた場合，仕事を継続することが難しくなった．以上のように，家族にとって，家族成員のうち2人が同時に入院，手術することは家族にとって大きな負担を強いており，父親よりも母親のほうが肉体的，精神的負担が大きいことがわかった．また先進的な治療を受けるために，遠方の専門病院に入院するケースでは，付き添いや面会にかかる負担がさらに大きくなる．

　次に小児がんの子どもや家族への支援を取り上げる．小児の治療の進歩はめざましく，いまやほとんどの場合で命が助かるようになった．しかし，まだ治療が困難で助けることができないケースもある．小児がんの場合，親からの「告知をしないでほしい」という希望もあるが，一緒に入院している他の子どもの状況が自分に似ているといったことで自分の病気を知ることがあり，無理に隠すことは結果として，患児と医療者との信頼関係，患児と家族の信頼関係を壊してしまうことにつながりかねない．それゆえ，子どもの発達段階に応じて理解できるように病気について説明する必要がでてくる．病院での子どもの気持ちを代弁する役割や治療をわかりやすく説明するチャイルド・スペシャリスト等が配置されていることがある．また家族に対しては，どのような治療をしていきたいか，心理的な面にも配慮して治癒が困難な場合，限りある時間を家族としてどう過ごすか主治医，看護師，カウンセラー，病棟保育士，院内学級の教員といった患児にかかわるものの連携が求められている．小児がんのケースも移植のケースも子どもが長期入院する場合，家族支援が必要となってくる．

　このような難病を持つ患児の家族支援の一つとして，宿泊滞在施設がある．長期入院の際，患児や家族と一緒に過ごせたり，家族が宿泊するための施設であり，ドナルド・マクドナルド・ハウスが代表的である．患児の入院先が自宅から遠い場合，特に入院が長期にわたると，先の研究からも明らかとなったように，家族にとって身体的にも経済的にも負担を伴う．それをサポートするために宿泊滞在施設の例として，ここではドナルド・マクドナルド・ハウスを紹介する[7]．

　「ドナルド・マクドナルド・ハウス」は，病気と闘う患児とその家族のための滞在施設である．日本には12カ所ある．自宅から遠く離れた病院に入院する子どもと家族のための"第二のわが家"をコンセプトに，高度小児医療を行う病院に隣接して設置され，1人1日1000円で利用できる施設である．同ハウスは建設から運営まで，マクドナルドの店頭募金をはじめとする企業や個人の寄付・募金，地域のボランティアの支援によって運営されている．

　同ハウスと同様の施設として，ファミリーハウスやもみじの家といったものが全国にある．このような施設があることで，長期入院を余儀なくされている患児をもつ家族を支えることができる．このような施設が，全国にさらに充実していくことが求められている．

　次に患児にきょうだいがいるケースの問題について触れていくこととする．

第2節　きょうだい児の支援について

● きょうだい児とは

　家族にとって子どもが重い病気や障害をもつことは，家族に危機をもたらすといわれている．これは家族が当たり前に過ごす生活環境や精神面において様々な問題が起こってくることを意味する[8]．特に親にとって子どもの病気や障害が明らかになることは，心理的なショックをもたらすだけでなく，身体的，経済的負担をかけることが明らかとなっている．このようなケースで患児にきょうだいがいた場合，さらに家族はシビアな状況に陥り，きょうだいへの支援も必要となってくる[9]．以下では，重い病気や障害のある子どものきょうだいのことを「きょうだい児」とする．

　きょうだい児は，生活する場面においてほかの子どもたち（同年齢）が当然する経験をしないまま成長することになることも多い．たとえば親がきょうだい児に対して，気になっていたとしても，十分な愛情や時間をかけることは難しい．その一方できょうだい児は親にさみしい気持ちや自分に目を向けてほしいといった感情を表すことが難しい．きょうだい児が幼い場合，親が子どもに目を向けない生育環境は子どもの成長・発達にとって決してよいとはいえない．さらにきょうだい児も，きょうだいに病気や障害があることは，大きな心理的問題を抱えることになる．立山は，障害のある子どもをもつ親が心理的，精神的に追いつめられ，また「きょうだい児」が円形脱毛症，夜尿などを引き起こしていることを明らかにしている[10]．加えてきょうだい児は障害のあるきょうだいの将来に対する思い，不安，葛藤といったことを考えざるを得なくなっている．きょうだい児は，障害や病気のある子どもと生活をともにするうちに，将来の職業選択に関して，ケア職いわゆる介護や看護等を選ぶ傾向があるといわれている．たしかにきょうだい児は小さなころから，きょうだいの世話の手伝いをすることによって，身近な職業として介護や看護を捉えている可能性がある．しかしながら，きょうだい児であるからといって将来の生活や生き方が限定されることはあってはならない．また親が自分たちの亡き後，病気や障害のある子をきょうだい児に託すことを考えていることが多く，それもきょうだい児にとってはプレッシャーにつながるとも考えられる．

　このような現状からきょうだい児に対する支援は，病気や障害のある子どもたちの家族への支援につながると考えられる．しかし現在きょうだい児は，社会的な認知を十分得られているとはいえず，医療，保育，教育現場に携わるものによるきょうだい児の存在の認知が第一の課題であるといえる．

● 保育者養成でできること

　今日，病気や障害による生活困難や生きづらさを抱える子どもたちやその家族に注目が集まりつつあるが，まだ社会の意識は十分とはいえない．現在保育の現場では，特別なニーズが必要な子どもたちへの支援が注目されている．そうした子どもたちは，今まで保育現場では「気になる子」とされていた．しかし近年，発達障害的傾向が強い子どもたちが保育現場にはごく当たり前のよう

に存在する．また病気の子どもたちや先に述べたきょうだい児が保育現場にくることが予想できる．そのような状況になった際に，保育者はきょうだい児や家族の支援に対して重要な役割を果たす存在である．そこで著者は，将来保育者になる養成校の学生にきょうだい児を理解するための授業を行っている[11]．この授業ではまず，病気や障害がある子どもがいるというきょうだい児のシチュエーションを提示する．一例として生体肝移植のケースを取り上げた．その際，① きょうだい児の気持ちについて考える，② 現在できるボランティアについて考える，③ 将来保育者になったときに必要な支援について考えるグループワークを行った．その後アンケートをとると，きょうだい児について知らなかったと答えた学生が約 9 割を占めた．またきょうだい児について学ぶことは保育者にとって必要と考えたものが 8 割を占めた．

　このグループワークを通して学生は，きょうだい児のさみしい気持ちや病気や障害のあるきょうだいへの嫉妬の気持ち，我慢している気持ちなど，きょうだい児についての知識を得ることができた．またそこから学生ができるボランティアは，普段扱っている保育教材を用いた活動や共に運動遊びを行うなど，できることもあるが，学生では難しいという意見もあった．このグループワークを通じてきょうだい児に対する考え方を他者と共有できた．そこでは「きょうだい児の存在をはじめて知った」「きょうだい児の気持ちに寄り添った保育をしたい」「保護者にきょうだい児の存在をよく知ってもらうようにする」「保護者の気持ちに寄り添いたい」といった声が聞かれ，将来の保育者としての意識が芽生えたことが明らかとなった．これらから保育者養成においてきょうだい児に関して学ぶことは，将来保育者としてきょうだい児に出会うこともありうることから，家族支援につながると考える．保育や教育に携わるものは，きょうだい児の存在を知り，それぞれの家庭の状況に合わせた支援をすることが必要である．そのためにも，養成の段階からきょうだい児の存在を知り，家族支援のあり方を考えることは重要であると考える．また現職者の研修においてもそれらが求められることは同様であろう．

　現在は，きょうだい児に対して，きょうだい児同士のピアサポートの場を提供したり，例えばキャンプや季節の行事を体験したりするといった，きょうだい児支援のグループができている．きょうだい児の心理にまで目を向けた具体

的な活動の展開が社会に求められている．さらにきょうだい児だけでなくその他の成員も含めた家族全体を支援する取り組みをしている支援グループもある．一例として，患児の世話をするボランティアが活動に同行することにより，親がきょうだい児と過ごす時間をとることができたり，患児と家族が一緒にバーベキューや旅行をしたり，地域のお祭りに参加したりする活動がある．こうした家族全体を対象とする支援は，きょうだい児だけを対象とした支援の場合，帰宅後かえって孤独を感じることが考えられるためである．患児とともに様々な体験や活動をすることを通して，きょうだい児が家で共通の話題をもつことができる．

第3節　医療的ケアの現状

　今日注目されている医療的ケア児について触れておく．医療的ケア児とは，医学の進歩を背景として，NICU（新生児特定集中治療室）等に長期入院した後，引き続き人工呼吸器や胃ろう等を使用し，たんの吸引や経管栄養などの医療的ケアが日常的に必要な児童のことを言う．医療が発達するにつれて，これまでは助けられなかった命が助かり，在宅によって医療的なケアを継続的に受けながら生活する子どもたちが増加している．こうした子どもたちは，在宅医療が進む以前は，状態が安定している場合，事実上社会的入院という状況にあった．そのため ICU（集中治療室）や小児病棟の満床となり緊急で入院が必要な妊婦や小児に対応できないという問題が起きてきた．そこで状態が安定した医療的ケア児を自宅に移行することとなった．これにより，医療的ケア児を持つ親は，24時間，子育てと介護を同時に行うことになった．親は人工呼吸の管理，たんの吸引，経管栄養，酸素などの医療的ケアを担わなければならない．人工呼吸器が外れると命にかかわるため，親は常に気が抜けない生活をし，睡眠時間がとれない生活を余儀なくされている．

　また，たんの吸引などは原則として，家族以外では医師，看護師か研修を受けたヘルパーに限られていた．そのため他の人にまかせることができず，家族が背負っていた．そこで研修を受けたヘルパーを積極的に増加させ，家族の負担を減らす方向を国は目指している．

　医療的ケアを家族が行う上でかかせないのが，訪問看護である．訪問看護は，中度・重度の要介護高齢者や医療的ケアが必要なものが住み慣れた家で生活を継続するために，行われる．[12] 簡単に言うと訪問看護とは，看護師などが医療的ケアが必要な患児がいる家庭に出向き，主治医の指示や連携によって行う看護（療養上の世話または必要な診療の補助）のことである．また訪問看護師がいるのが訪問看護ステーションである．訪問看護ステーションは，訪問看護サービスを提供する，いわゆる基地のようなものである．在宅で子どもを育児・介護する親は，訪問看護師に医療的な部分だけでなく精神的な面も支えられている．[13]

　医療的ケア児と家族が抱える問題については [14] 10の課題があげられている．①医療的ケアが必要である．②外出できる環境を整える負担が大きい．③かかりつけとなる在宅医が不足している．④多職種連携が必要である．⑤遊び・学びなど育ちに配慮した対応が必要である．⑥家族・きょうだいへの負担が大きい．⑦対応できる人・サービスが少ない．⑧母親の就労を可能にする基盤がほとんどない．⑨小児医療から成人医療への移行に課題がある．⑩親亡き後の見通しがつかない．以下，いくつかについて補足する．

　②について，医療的なケアが必要な子どもたちが外出することは非常に困難である．まず医療機器を持ち歩かなくてはならない，また人工呼吸器等医療機器のバッテリー確保の問題もある．仮にどこでも電源が確保できるようになれば，外出は容易になる．また車椅子（バギー）が通れるようにエレベーター等の幅の確保も必要である．しかしそうした対応は地域によって差が生じているのが現状である．⑧について，後述する新法が施行されるまでは，保育所や学校に通う場合，親の付き添いが必要だったため，主として医療的ケア児の母親は育児・介護のために就労することがほぼ不可能であった．⑨について，このような子どもは生涯にわたって医療的ケアが途切れなく必要である．その点からも小児医療から成人医療への移行は大きな課題である．⑩について，病気や障害を持つ子どもの親全般にいえることであるが，親は自分が亡くなった後のその子の行く末を非常に案じていることが多い．家族だけで考えようとするときょうだいにその役割を担ってもらえればと考える親も多いといわれている．きょうだい児への支援も考えるとそのため行政の支援はかかせない．

　これらの課題を踏まえ，医療的ケア児及びその家族に対する支援に関する法

律がつくられることとなった．以下はその法律である．

「医療的ケア児及びその家族に対する支援に関する法律（令和 3 年法律第81号）[15]」（以下「法」という．）は令和 3 年 6 月18日に公布され，令和 3 年 9 月18日（公布の日から起算して 3 月が経過した日）から施行された．

医療的ケア児及びその家族に対する支援に関する法律（令和 3 年 6 月18日公布・同年 9 月18日施行）

第一条　この法律は，医療技術の進歩に伴い医療的ケア児が増加するとともにその実態が多様化し，医療的ケア児及びその家族が個々の医療的ケア児の心身の状況等に応じた適切な支援を受けられるようにすることが重要な課題となっていることに鑑み，医療的ケア児及びその家族に対する支援に関し，基本理念を定め，国，地方公共団体等の責務を明らかにするとともに，保育及び教育の拡充に係る施策その他必要な施策並びに医療的ケア児支援センターの指定等について定めることにより，医療的ケア児の健やかな成長を図るとともに，その家族の離職の防止に資し，もって安心して子どもを生み，育てることができる社会の実現に寄与することを目的とする．

第二条　この法律において「医療的ケア」とは，人工呼吸器による呼吸管理，喀痰吸引その他の医療行為をいう．2　この法律において「医療的ケア児」とは，日常生活及び社会生活を営むために恒常的に医療的ケアを受けることが不可欠である児童（18歳未満の者及び18歳以上の者であって高等学校等（学校教育法に規定する高等学校，中等教育学校の後期課程及び特別支援学校の高等部をいう．）に在籍するものをいう．）をいう．

この新法により，法律的に医療的ケア児に対しての支援を国や地方公共団体が行っていく方向が定まった．これまで，学校においては家族の付き添いが原則だったものが看護師を配置することが義務づけられることとなった．これにより，家族の負担は大きく軽減することが予期される．また病気や障害があっても，たとえ医療的ケアが必要な子どもであっても保育・教育を受ける権利が保障される．

また近年，重度の障害の子どもたちだけでなく，軽度であっても様々な医療的ケアが必要な子どもたちがでてきている．そのためそれぞれの子どもたちのニーズにあった支援が必要となってくる．これは家族も同様である．医療的ケア児の家族支援として，日中一時支援事業，児童発達支援事業，放課後等デイサービスなどがある．たとえば宇都宮市の NPO 法人「うりずん」などがこれらの支援活動をしている．さらにレスパイト（家族が一時的に介護から解放されるよう代替者が介護を担う支援）施設としては国立成育医療センターに開設された「もみじの家」，キャンプ型施設として「そらぷちキッズキャンプ」などが知られている．まだまだ全国的にはこのような医療的ケア児に対するサービスは普及していないため，全国に広まっていくことが求められている．

第4節 すべての家族が暮らしやすい社会へ

子どもの病気や障害が明らかになることは，親にとっておもいがけない出来事であり，家族の危機につながることやそれに対する支援の現状について述べてきた．これらを踏まえて難病を持つ家族への支援を考えることとする．はじめに親への心理的支援について述べると，特に親が子どもの障害を十分に受容していない場合はその気持ちに寄り添いながら，家族が子どもの障害を受容していけるよう支援していくことが必要である．

次に，病気や障害を持つ子どものきょうだい児への支援も重要である．きょうだい児は，通常であれば経験することを経験しないで成長・発達する可能性がある．また親に甘えたいという気持ちを押し殺し，自分がしっかりしなくてはならないといった気持ちを強くもったり，感情を押し殺したりしてしまうことがある．それゆえきょうだい児に関わる職種，特に保育者や教員は，それぞれの家庭の状況に合わせた支援を行うことが必要である．患児であってもきょうだい児であってもその子の最善の利益が保証される必要がある．すなわちどのような状況にあっても，子どもは学び，遊び，刺激を受けながら日々成長できる環境を保育者や教員が整えることが重要である．

また家族が患児とともにいられるドナルド・マクドナルド・ハウスのような施設の拡充が求められている．レスパイトの重要性が指摘されているものの，

依然として地域格差が存在し，十分に整っているとはいえない．またドナルド・マクドナルド・ハウスのような施設は，全ての基幹病院に併設されることが望ましい．医療的ケアが必要な子どもをもつ親にとっては，特にレスパイト施設が重要だが，医療的なケアを親の代わりに提供することが求められるため，引き受けてくれる施設が限られており，予約をとることすら難しいケースもある．そのためそれが可能なレスパイト施設の拡充がもとめられている．また新法により，保育や教育の場面において看護師配置が定められたものの，十分にいきとどいていないのが現状である．今後の家族支援においては，地域の格差なくレスパイト施設を利用できるようにすること，また医療的ケアが必要な子どもたち，難病の子どもたち一人ひとりに応じて保育や教育が提供されることが重要であろう．

　そのためには，難病の子どもやその家族にかかわる職種である医療関係者，教育関係者，レスパイト施設，行政関係，親やきょうだい児の会，地域住民，ボランティアといった様々な関係者が連携して家族支援にあたることが重要であろう．

　ここまで難病の子どもをもつ家族の支援について述べてきたが，これら家族の抱える問題は，決して当事者だけの問題ではない．病気や障害を抱えていても，地域で家族と暮らすことができる社会を実現することは，これらの子どもたちや家族だけではなく，わたしたちすべてが暮らしやすい社会を目指すことにつながるといえよう．

注
1 ）　日本財団難病の子どもを支えるプログラム〈https://nf-nanbyoujishien.com/aboutus/〉2023年 3 月 5 日.
2 ）　吉野真弓（2018）「難病の子どもを持つ家族への支援」『教育と医学』66（8），58-65.
3 ）　平田研人・前田貴彦（2016）「入院中の患児ときょうだいとの面会が患児にもたらす効果──付添い中の母親の認識を通して」『三重県立看護大学紀要』20，55-61.
4 ）　望月嵩・本村汎編（1980）『現代家族の危機──新しいライフスタイルの設計』有斐閣，17-19.
5 ）　河原崎秀雄・水田耕一ほか（1999）「肝臓と心理・社会的問題」『心療内科』3，315-318.
6 ）　吉野真弓・草野篤子・吉野浩之（2002）「難病の子どもを抱えた家族──生体肝移植経験家族の場合」『日本家政学会誌』53（6），529-538.

7 ）　ドナルド・マクドナルド・ハウス 〈https://www.mcdonalds.co.jp/sustainability/
　local/dmhcj/〉2023年 3 月 5 日.

8 ）　立山清美・立山順一・宮前珠子（2003）「障害児の「きょうだい」の成長過程に見ら
　れる気になる兆候――その原因と母親の「きょうだい」への配慮」『広島大学保健学
　ジャーナル』 3 ，37-44.

9 ）　Yoshino, M., Kusano, A., and Yoshino, H.（2007）"The influence of living donor
　liver transplantation on families with or without siblings," *Pediatric
　Transplantation*, 9, 11（6），624-627.

10）　立山ほか，前掲書.

11）　吉野真弓（2018）「保育者養成におけるきょうだい児支援を学ぶ意義と役割について
　――特別なニーズをもつ子どもの視点から」『育英短期大学研究紀要』35，61-67.

12）　小森直美（2016）「訪問看護事業所における訪問看護師の業務の特性――役割認識と
　役割探索行動の観点から」『日本保健医療行動科学会雑誌』33（1），37-34.

13）　吉野真弓（2014）「小児在宅医療を受けている家族の現状と課題――訪問看護ステー
　ションの視点を中心として」『発達障害研究』36（4），380-389.

14）　高橋昭彦（2019）「医療的ケアが必要な子どもと家族の暮らし」『難病と在宅ケア』
　24（11）.

15）　厚生労働省ホームページ 〈https://www.mhlw.go.jp/content/000981371.pdf〉
　〈https://www.mhlw.go.jp/content/000801675.pdf〉2023年 3 月 5 日.

学びを深めるために

Yoshino, M., Kusano, A., Yoshino, H.（2007）The influence of living donor liver
　transplantation on families with or without siblings, *Pediatric Transplantation*, 9,
　11（6），pp. 624-627.

河原崎秀雄・水田耕一ほか（1999）「肝臓と心理・社会的問題」『心療内科』 3 ，315-318.

厚生労働省 〈https://www.mhlw.go.jp/content/000981371.pdf〉，〈https://www.mhlw.
　go.jp/content/000801675.pdf〉2023年 3 月 5 日.

小森直美（2016）「訪問看護事業所における訪問看護師の業務の特性――役割認識と役割
　探索行動の観点から」『日本保健医療行動科学会雑誌』31（1），37-34.

高橋昭彦（2019）「医療的ケアが必要な子どもと家族の暮らし」『難病と在宅ケア』24（11），
　41-45.

立山清美・立山順一・宮前珠子（2003）「障害者の「きょうだい」の成長過程に見られる
　気になる兆候――その原因と母親の「きょうだい」への配慮」『広島大学保健学
　ジャーナル』3（1），37-44.

日本財団難病の子どもを支えるプログラム 〈http://nf-nanbyoujishien.com/aboutus/〉
　2023年 3 月 5 日.

平田研人・前田貴彦（2016）「入院中の患児ときょうだいとの面会が患児にもたらす効果
　――付添い中の母親の認識を通して」『三重県立看護大学紀要』20，55-61.

ドナルド・マクドナルド・ハウス 〈https://www.mcdonalds.co.jp/sustainability/local/
　dmhcj/〉2023年 3 月 5 日.

望月嵩・本村汎（1980）『現代家族の危機――新しいライフスタイルの設計』有斐閣，17-
　19.
吉野真弓（2014）「小児在宅医療を受けている家族の現状と課題――訪問看護ステーショ
　ンの視点を中心として」『発達障害研究』36(4)，380-389.
―――（2018）「難病の子どもを持つ家族への支援」『教育と医学』66(8)，58-65.
―――（2018）「保育者養成におけるきょうだい児支援を学ぶ意義と役割について――
　特別なニーズをもつ子どもの視点から」『育英短期大学研究紀要』35，61-67.
吉野真弓・草野篤子・吉野浩之（2002）「難病の子どもを抱えた家族――生体肝移植経験
　家族の場合」『日本家政学会誌』53(6)，529-538.

教育・保育の視点から

第4章　幼児の「暮らし」とケアリング

山口美和

はじめに

　幼児教育・保育の世界では，子どもの自発的な遊びなど，子ども自身が主体的に関わることができる活動を通して教育を行うことが基本とされている．保育者は，子どもの思いに耳を傾け，それを実現するにはどうすれば良いかを子どもと共に考え，子どもが自ら学びを深めることができるように必要な援助を行う．こうした関係において，保育者は「ケアする人」であり，1人ひとりの子どもは「ケアされる人」であると言える．子どもは保育者が傍で見守っている安心感を感じるからこそ，思い思いに遊びを楽しむことができる．

　幼児教育・保育の場で，保育者と子どものケアリング関係が日常的な活動の基盤となることは言うまでもないが，子ども同士の関係においては，どのようにケアリングが生じるのだろうか．また，子どもが動植物など命あるものに対するケアの感情を抱くようになるのは，どのような場面においてだろうか．

　高橋・伊藤は，保育の場では「そこにある人間関係すべてにケアリングを見出すことが可能」であるとしている．また，高橋・伊藤は，ノディングズが言うケアリングの同心円構造にある動物や植物へのケアも保育のなかで見出すことができることを指摘し，こうした多様なケアリング関係が，乳幼児のケアされる人としての成長を促す可能性に言及している．

　本章では，子ども同士の関係におけるケアリングと，動植物など人間以外の生命に対するケアリングの場面を，事例を通して検討したい．本章で取り上げるのは，屋外における自然体験を基軸とする幼児教育・保育を行う，いわゆる「森のようちえん」の事例である．日常的に森や野原に出て，季節ごとの自然の変化や生き物の気配を感じながら生活する「森のようちえん」では，日々の

生活のなかに，森の樹々や生き物へのケアが根付いている．「森のようちえん」の子どもたちは，活動するフィールドで様々な動植物に出会うことによって，人間もまた自然の一部であることを知り，自然の恩恵を受けて生きる存在者として，身近な自然を大切にしようとする意識に目覚めていく．また，「森のようちえん」では異年齢の子どもが混じりあった少人数のクラスで保育が行われることが多い．このため，日常の生活のなかで，年上の子どもが年下の子どもの世話をしたり，お互いを気にかけたりする様子が，ごく自然に見出される．

　もちろん，一般の幼稚園や保育所のなかには，植物の栽培や生き物の飼育をしたり，異年齢の交流活動を取り入れたりしている園も多く，こうした園でも同様のケアリングを見出すことは可能だろう．しかし，本章で特に「森のようちえん」に注目するのは，そこで見出されるケアリング関係が，子どもたちの日々の「暮らし」と不可分に結びついていると考えるためである．ここでいう「暮らし」とは，衣食住など人が生きるために必要な日々の営みと密接に結びついた生活のことである．「暮らし」が成り立つには，一つの場で「共に」過ごし，同じ目的のために助け合いながら緩やかに繋がる他者の存在が不可欠である．

　「森のようちえん」の教育課程では，自然の恵みを享受しながら他者と共に過ごし，食べる・眠る・遊ぶなど，人間の生の必要に基づいた日々の「暮らし」が重視されている．「森のようちえん」では，大人も子どもも等しく，それぞれの能力に応じて，園の「暮らし」に「参加」する主体として尊重される．いわば一つの共同体として「暮らし」を作り上げる過程に「参加」することによって，子どもは一方的にケアされるだけでなく，自分を取り巻く環境や異年齢の友だちなど，様々な対象をケアする主体となっていく．本章では，こうした観点から，「森のようちえん」の「暮らし」と密接に結びついたケアリング関係を，「参加の主体」としての子どもの目線から捉え返してみたいのである．

　以下で紹介するのは，長野県内のある「森のようちえん」に，筆者が参与観察に入ったときに観察された2つの事例である．

第1節　子ども同士のケアリング
──共に「暮らし」に参加する仲間へのケア──

事例1

　　5月初旬のある日，近くの水路に全員で散歩に出かける．この水路は例年，山の雪融けが進む頃に水が流れ始める．それを知っている年長児はここ数日，水路の水がどこまで流れてきているかを見にいって，保育者に報告していた．

　　水路に着くと，年長の男児たちは靴を脱いで水路に入り始める．水の中にイモリがいるのだ．男児たちが器用にイモリを捕まえるのを見て，女児や年中・年少の子のなかにも水路に入りたいという子が出始め，水路やその周りが賑やかになる．

　　今年の4月から園に通い始めた2歳女児のMは，水路が怖いのか，保育者が「近くに見にいってみる？」と問いかけても首を横に振るが，楽しそうにしている年長児の姿に興味はあるようで，遠くからじっとその様子を見つめている．

　　ひとしきり遊んだ後，この日は水路のそばで，みんなでお弁当を広げて食べた．お弁当の時間が終わり，さらに水路で遊ぶ子もいたが，保育者が「そろそろ園に帰るよ」と声をかけると，それぞれ靴を履き帰り支度を始める．そのなかで，ひとりMが長靴を脱ぎ，靴下も脱ぎ始めた．保育者の一人がそれに気付き，靴下を再び履かせようとすると，Mが大声で泣き始める．どうやら，今になって水路に入りたいと思ったようだ．

　　すると，泣いているMのそばに，次々に子どもたちが寄ってきた．年長の女児Sは，Mの頭を撫で，肩を抱いて「大丈夫？　どうしたの？」と尋ね，年中女児のKはそっと手を握る．Mはなかなか泣き止まない．年長男児のDは，保育者のところへ行き，「Mちゃん，川に入りたいんじゃない？」とMの心情を慮って訴える．保育者は，その言葉を受け止めつつも，明日天気が良ければまた来ることを全員に伝え，今日は帰ろうと呼びかける．Mは泣きながらも帰り支度を始める．その間も，他の子どもたちが代わる代わるMのところへ来て，支度を手伝ったり，黙って手をつないだり，声をかけながら一緒に歩いたりする様子が見られる．

　この場面で印象的なのは，泣き出したMの様子を見て，多くの子どもたち

がMに関心を寄せ，いろいろな形で関わろうとしていることである．泣いているMの気持ちを鎮めるために，頭を撫でたり声をかけたりするなど，直接働きかける子もいれば，Mの気持ちを想像して保育者に直談判する子もいる．また，間接的にMの帰り支度を手伝う子や，Mの荷物を代わりに持ってやる子もいる．子どもたち1人ひとりが「ケアする人」となり，Mのために何かしたいという切実な思いを持ってMに関わっていることがわかる．保育者は，泣き出したMをなだめるなどの行動をしていないし，他の子たちにMの世話をするよう指示してもいない．子どもたちのケアリング行動は，すべて自発的なものである．

　Mはなかなか泣き止まないが，次々とそばに来る子どもたちからの様々な働きかけを拒否してはいない．手を握られれば握り返し，促されて手を引かれれば，他の子どもたちと一緒に園に向かって歩き出すなど，Mなりに「ケアされる人」として子どもたちから受けるケアへの「応答」を返している．

　Mは，1カ月前に入園したばかりの，この園で一番小さい子である．子どもたちは，たんに小さなMが泣き出したことをかわいそうに思って慰めようとしたのかもしれない．一般の就学前施設でも，年下の子が泣き出せば，このように大勢の子どもたちが集まってきて慰める場面を見出すことができるだろう．

　しかし，この場面から読み取れる意味はそれだけでない．それまで他の子どもたちの様子を遠くから恐る恐る見ているだけだったMが，自分から靴を脱ぎ始めたとき，Mは，みんなのやっていることに初めて挑戦しようとしたのだ，ということに注目すべきである．

　年上の子たちが楽しげに遊ぶ様子を見るうちに，Mの心が少しずつ動いていき，みんなが帰る頃になってようやくMは，意を決して水路に入ろうとし始めた．Mが靴を脱ぎ始めるまでの長い時間は，みんなと一緒に遊びたいという思いが，恐れと逡巡を超えるまでにかかった，Mにとって必要な時間であった．

　実は，他の子どもたちの多くも，最初は多かれ少なかれ水に入るのを躊躇していた時間がある．「森のようちえん」の子どもたちは，水に入って遊ぶ楽しさの手前に，初めて挑戦することへの恐れと逡巡があることをよく知っている．いま，先頭に立って遊んでいる年長児も，かつてはドキドキしながら遠巻きに年上の子のダイナミックな遊びを見ていた時期があるのだ．逡巡を乗り越える

までの時間が 1 人ひとり異なることを知っているからこそ,「森のようちえん」では,保育者も子どもたちも,その子が逡巡を自分で乗り越えてこちら側に来るのを,さりげなく待つのである.みんなが水に入っているときに M が遠くから見ていても,他の子どもたちは決して M に「一緒に入ろうよ」とは言わなかった.それは無関心によるものではなく,M の逡巡の時間を見守りながらそっと待つという形のケアリングだったのではないか.帰り際になって M が靴を脱ぎ始めたとき,水路に入りたいという M の思いに気づき,それに寄り添おうとした子どもの多さが,それを物語っている.

　ここには,日頃から,この園の子どもたちが,お互いの存在を感じあいながら過ごしていることが見て取れる.この日,水路の中に入ってイモリを獲っていた子も,一番遠くから見ていた M も,みんなが同じ場所にいて,それぞれの仕方で活動に「参加」していた. 1 人ひとりの参加の仕方や,行動に向かう熱量には濃淡があっても,一つの場を囲んで「共にいる」という感覚が,子どもたちには共有されている.暗黙のうちに共有されているこうした感覚が,活動の「中心」からもっとも遠い場所にいたように見える M も,「参加」の当事者として当たり前に受け入れる集団の雰囲気に繋がっている.

　溝口は,自身が園長を務める認証保育所における保育を,大人も大きい子も小さい子も,それぞれの仕方で「暮らし」に「参加」する姿を通して描き出している[3].溝口が例にあげるのは,畑で採った桑の実を選り分ける場面や,昼食の餃子やコロッケを作る場面である.日々の「暮らし」に織り込まれているこうした活動に,包丁を使える大人や大きい子は,玉ねぎやキャベツを刻むという仕方で加わり,包丁の使えない 2 歳児は玉ねぎの皮をむいたりキャベツをちぎったりするという仕方で加わる.子どもたちは,自分にできそうなことを自ら選び,餃子やコロッケを作るという目的のために,その場に集い「暮らし」に「参加」している.溝口の描写する子どもの姿は,レイヴとウェンガーの「正統的周辺参加論」を思い起こさせる[4].

　溝口の園の例や,本節で取り上げた事例には,子どもたちがお互いの存在を感じあいつつ,それぞれの子どもがいまの自分にできるやり方で活動に参加することが許容される緩やかな集団の雰囲気が,日常における子ども同士のさりげないケアリング関係の基盤になっていることが示されている.

第2節　生き物に対するケアリング
――森に暮らす命への想像力――

事例 2

　　長い散歩の帰り道，川沿いの道を歩いていると，川の中に鹿の死骸が横た
わっていた．鹿の体は，川の真ん中にある大きめの石に頭を向こう側に向け
た状態で引っかかっており，上流から流れてきたためか，一部背中の皮がむ
けていた．保育者は，川の右岸に子どもたちを集め，しばらく何も言わずに
鹿を見つめていた．子どもたちも鹿を見つめ，それぞれ何か考えながら複雑
な表情を浮かべている．

　　川下の方には腐敗臭が漂ってくるようで，その辺りにいる年少児は「くさ
〜い」と言い合っている．また，水の流れに押されて鹿の首が揺れるのを見
て「動いているから，まだ生きてるんじゃない？」という年少児もいる．一
方，年長男児のTは，鹿に向かって手を合わせ，祈るような仕草をしてい
る．普段元気の良い年長男児のSは，深刻な顔をして考え込んだ後で，以
前，タヌキの死骸を見つけたことを思い出したのか，「タヌキと鹿と，どっ
ちがかわいそうだと思う？」などと，保育者や友達に問いかけている．

　　保育者が子どもたちに向かって，「鹿の子どもかな？　川に落ちて，お母
さん鹿も助けることができなかったのかもしれない．お墓を作ってやりたい
けれど，川から引き上げることもできないから，このままにしておくしかな
いね」と言うと，祈っていたTと年長女児のMが，保育者に「鹿さん，ど
うなるの？」と尋ねた．「鳥が来て食べたりしていくだろうね」と保育者が
答えると，「かわいそう……」と顔を歪める．

　　保育者が「手を合わせて，園に帰ろうか」と話し，子どもたちが手を合わ
せているとき，偶然，鹿の体が流れに乗って下流へ向かって動き始めた．子
どもたちは鹿を追いかけ，「バイバーイ」などと叫びながら走り出した．子
どもたちは橋のところまで追いかけ，橋の上から手を振って鹿を見送った．
Tは，「僕たちが祈ったから，鹿さんがありがとうって思って流れていった
のかもしれないね」と話す．

　　帰り道，年中女児2人が「まだ子どもなのに死んじゃってかわいそうだ
ね」などと話しながら歩いていると，Sが2人に向かって「あの子は死ん
じゃってお母さんは悲しいだろうと思うけど，もし，あの子のお母さんがま

> た新しい子どもを産んだら，その先も命はつながっていくよ」と言う．園に
> 帰ってからも，子どもたちは鹿のことを話し続けていた．

　生き物の死に出会うことは，子どもにとって，命が限りあるものであること
を知る貴重な機会となる．一般の就学前施設や学校で子どもたちが出会うのは，
多くの場合，飼育されていた虫や動物の死である．飼育していた生き物の死は，
世話をしたときのことや，触れたときの温かい感触の思い出とともに，悲しみ
として受け止められるであろう．ノディングズは，動物に対するケアリングに
ついては，「ひとが動物となれ親しんでいるときにも，自然なケアリングの行
なわれている場合がある[5]」と述べている．例えば，ペットのネコに餌を与えた
り，優しく撫でたりする飼い主のケアに対して，ケアされるネコもゴロゴロと
のどを鳴らしたり，体をこすりつけたりして応答することがこれにあたる．飼
育している生き物へのケアリングは，このようなケースに近い．
　しかし，事例の場面で子どもたちが出会ったのは，飼育していたわけではな
い，初めて見る鹿の死骸であった．自分の体と同じくらいの大きさの動物の死
骸が横たわっているのは，子どもにとってはショッキングな光景であろう．ノ
ディングズは，ペットのように直接的に関係を結んでいる動物が相手でない場
合には，「暖かい血の通った魅力的な生物の訴えかけ[6]」のように，「動物の応答，
あるいは気づかれる応答が増大するにつれて，わたしたちの自然なケアリング
も増大する[7]」と述べている．これに従えば，大型の哺乳類である鹿に対しては，
蛇やムカデなどに対してよりも，自然なケアリングが生じやすいと言える．と
はいえ，すでに息絶えて動かなくなっている鹿の死骸を前にして，子どもたち
は何を感じたのだろうか．
　死という概念をまだ明確に理解していない年少児は，漂ってくるニオイに反
応したり，水流で体の一部が動くのを見て，鹿がまだ生きていると考えたりし
ており，横たわる鹿に対する特別な感慨を持っていないように見える．それに
対して，年長児はそれぞれ死んだ鹿に真摯に向き合い，死の不可逆性や，生命
の循環について思いを巡らせている．
　一人で鹿に手を合わせていた T は，最近，祖父を亡くしたばかりだという．
祖父の葬儀を経験した後，仏壇の中におじいちゃんがいるんだよと教えられ，

毎日熱心に手を合わせているのだと，T の母親が話してくれた．T は，亡くなった祖父と鹿を重ね合わせ，普段家で仏壇に手を合わせるのと同じように，祈るような仕草をしたのであろう．死んだ鹿に思いを寄せるケアとも呼べる T の行動の背景には，祖父の死という出来事がある．T のケアリング行動は，T の家庭での日々の「暮らし」と地続きなのである．

　子どもたちが見ている前で鹿が下流に流されていったことに，T は，鹿の「応答」を読み取ろうとしている．もちろん，このタイミングで鹿が流されたのは全くの偶然にすぎないが，「僕たちが祈ったから鹿さんがありがとうって思って流れていった」という T の言葉には，心を込めて祈るという T のケアに対して，死んだ鹿が感謝して別れを告げるという「応答」を返してくれたのではないか，という驚きと喜びが溢れている．

　保育者から，鹿の死骸は，鳥や他の動物が食べることを知らされた子どもたちは，死んだ動物が，森や川に棲む他の動物の命を支えていることに気づいただろうか．この事例の会話では，食べられる鹿が「かわいそう」という反応があるだけで，食物連鎖による命の循環について明確に意識した発言はない．

　しかし，S の発言にもあるように，この事例の 2 カ月ほど前，この園の子どもたちは，やはり散歩の途中でタヌキの死骸をみつけている．散歩道を毎日のように通りながら，最初はタヌキとわかる姿だった死骸が，徐々に動物に食い荒らされ，やがて骨だけになっていく過程をつぶさに見てきたのである．

　森の中では，この他にも，鹿の頭の骨や，動物の糞が見つかることもある．こうした，森に生きる他の命の「痕跡」を感じる出来事を，日々の「暮らし」のなかで繰り返し経験している子どもたちにとって，さまざまな動植物が，お互いに食べたり食べられたりすることによって，命を繋いでいることを想像することは，困難なことではないだろう．

　S は，死んだ鹿の母鹿の悲しみについて，思いを巡らせている．S が母鹿のことを想像したのは，保育者の言葉をきっかけとするものだろう．死んだ鹿にも家族がいるのかもしれない，その家族はどんな思いでいるのだろうか，と考えることは，目の前の存在と繋がりを持つ，いまここに不在の他者のことを想像することのできる，年長児ならではのケアのあり方である．

　また，S が，母鹿が別の子どもを産むかもしれないという「未来」について

言及しているのは興味深い．Ｓは，タヌキの事例からも，死が不可逆的であることを認識している．喪った子どもは生き返ることはなく，その限りで，母親の悲しみは癒えることはないだろう．しかし，母鹿が生きているならば，次の命が生まれる可能性はある．Ｓは，死んだ子の命のかけがえのなさとは別の次元で，いまこの森で暮らしている鹿たちが子どもを産み育て，このあともずっと命を繋いで暮らし続けていける未来を想像しているのである．

　Ｓの言葉は，鹿だけでなく森に棲む多様な命そのものへのケアを思わせるものである．人も鹿もその他の動物や植物も，森を中心としたこの地の自然と繋がりを持ちながら生きている．人の「暮らし」の周りを，様々な動物たちの「暮らし」が取り囲み，それぞれの生き物が次の命を産み育てることによって「暮らし」の場が続いていく．園の仲間と同じく，様々な動物や植物も，この場所に「共に」暮らす存在者として，子どもたちが自然に受け入れていることが感じられる．Ｓの視線の先に，森や海など多様な生き物の命を育む身近な自然を保全する意識につながっていく，環境に対するケアの萌芽を見出すことができるかもしれない．

第３節　「主体」の成立とケアリングについて
──「暮らし」との関連から──

　本章で見た２つの事例はいずれも，「森のようちえん」という「暮らし」の場に「参加」する子どもたちが，共に暮らす仲間や，身近な動植物に対して，「自然なケアリング」を行っている場面であった．本章では，「暮らし」を営む共同体に「参加する主体」として子どもを捉えてきたが，最後に，近年の教育改革の文脈で多用される「主体」概念とその背景について批判的に検討を加えながら，幼児期におけるケアリング関係成立の条件を考察してみたい．

　幼児の「主体的な活動」が大切だという言説自体は，幼児教育・保育の文脈では，取り立てて目新しいものではない．幼児教育・保育においてこれまでにも重視されてきたのは，環境との関わりを通して湧き出てくる，幼児の興味や関心に導かれた「主体的な活動」であった．その基本的な方針は，現行の幼稚園教育要領・保育所保育指針等[8]にも引き継がれているが，平成29年の改定の際

に大きく変わったのは，それが置かれている文脈である．一言で言えば，幼児期の学びと小学校以上の学びとの連続性がこれまで以上に重視され，新しい学習指導要領で導入された「主体的・対話的で深い学び」との関連において，子どもの「主体的な活動」の必要性が理解されるようになったのである．たとえば，幼稚園教育要領総則第4の3「指導計画作成上の留意事項」では，「幼児の発達に即して主体的・対話的で深い学びが実現するようにするとともに，心を動かされる体験が次の活動を生み出すことを考慮し，一つ一つの体験が相互に結び付き，幼稚園生活が充実するようにすること」（傍点引用者）とされている．

　「主体的・対話的で深い学び」が強調される背景には，社会のグローバル化により，変化が急速で予測困難な時代を迎える中で，子どもたちに「新しい時代に求められる資質・能力」を育むことが急務であるという国の認識がある．「新しい時代に求められる資質・能力」とは，たとえば「様々な変化に積極的に向き合い，他者と協働して課題を解決していくこと」や「様々な情報を見極め……再構成するなどして新たな価値につなげていくこと」「複雑な状況変化の中で目的を再構築することができる」ことなどである[9]．ここには，不確実で予測困難な時代を生き抜くことができるのは，自ら課題を見つけ，様々な情報から状況を的確に判断して乗り越えていく能力を持った「主体的な個人」であるという前提がある．そのような強い個人を育成するために，主体性を重視した教育を幼児期から行うことが必要だというわけである．

　こうした「強い個人主義」とでも呼ぶべき文脈のなかで「子どもの主体性」とか「主体的な学び」という言葉を耳にするとき，私たちは果たしてそこにケアリングの響きを聴き取ることができるだろうか．複雑なグローバル社会の中で生き残ることができる個人とは，自分の判断と行動の結果に自分で責任を持てる人間である．

　たしかに，「新しい時代に求められる資質・能力」には，「他者と協働して課題を解決していくこと」も含まれている．ただ，この文脈での「他者との協働」は，目の前の課題を解決するために結ばれるパートナーシップである．すなわち，課題解決という目的があり，1人で解決するのは難しいから，共通の利害を持つ他者と「協働」するという関係である．こうした「他者との協働」も，自分とは異なる他者と関係を取り結ぶ一つの方法ではあるが，自己の目的

や利益のために他者を利用し手段化することへと容易に転化しうる危険を孕んでいる．そこにあるのは，ケアリングとは対極的な他者との関係なのではないか．

　ここであらためて考えてみたいのは，「主体」はどこから生じるのかという問題である．「主体的」という言葉は「自分の意志・判断に基づいて行動するさま」を指すとされ，行動する自己の独立性が強調される．しかし，このような主体としての自我，つまり「私」という意識は，純粋に他者と切り離された，独立した個人の内部から生じるものではない．特に乳幼児期の子どもたちは，後期のメルロ＝ポンティが「肉（chair）[10]」と呼んだ，自他未分の存在様態のなかを生きている．自我の意識としての「主体」の底には，このような自他未分の「われわれ」の次元があり，乳幼児は触れ合い重なり合う身体を通じて，他者と「生きられた意味」を間主観的に共有しているのである．

　この次元を，本章で見てきた「暮らし」と重ね合わせてみよう．乳幼児は混じり合いながら「共に」暮らす「われわれ」の次元において，お互いの思いや欲求を感じ合いながら生きている．子どもたちは，食べる・眠る・遊ぶといった日々の「暮らし」に緩やかに「参加」することを通して，少しずつ自分と他者との違いを認識していく．「暮らし」への関わり方は，それぞれが持つ能力や性格の違いによって，千差万別だからである．そこに，1人ひとりが異なる存在でありながら，「暮らし」に参加する者としては誰もが等しく一個の「主体」であるという意識が生まれる．つまり，「暮らし」を共にする乳幼児の中には，「主体」の誕生に先立って，他者の思いを感じ合う「自然なケアリング関係」が生じているのであり，その逆ではないのである．

　ノディングズは，ケアリング関係には，他の人と「共有される感情」が含まれると述べている．本章で紹介した「森のようちえん」の子どもたちに見られた「お互いを感じ合う」関係は，彼女が「共感（empathy）[11]」と呼ぶ，この感情に近いものではないだろうか．そうであるならば，乳幼児期のケアリング成立の基盤には，子どもがそのなかで生の必要を感じながら，他者と共に生きることができる「暮らし」の場がなければならないのである．

注
　1）　高橋保恵・伊藤博美（2006）「保育におけるケアリング」中野啓明・伊藤博美・立山

善康編著『ケアリングの現在――倫理・教育・看護・福祉の境界を越えて』晃洋書房，37.

2）「森のようちえん」とは，「自然体験活動を基軸にした子育て・保育，乳児・幼少期教育の総称」である（「森のようちえん全国ネットワーク連盟ホームページ」〈http://morinoyouchien.org/about-morinoyouchien〉2019年2月19日）.

3）　溝口義朗（2018）「暮らしと教育」『発達』ミネルヴァ書房，154号.

4）　Lave, J. and Wenger, E. (1991) *Situated learning: legitimate peripheral participation*, Cambridge University Press（レイヴ，J., ウェンガー，E. (1993)『状況に埋め込まれた学習――正統的周辺参加』佐伯胖訳，産業図書）.

5）　Noddings, N. (2013) *Caring: A Relational Approach to Ethics and Moral Education*, Second Edition, Updated, University of California Press（ノディングズ，N. (1997)『ケアリング――倫理と道徳の教育―女性の観点から』立山善康ほか訳，晃洋書房）.

6）　同書，158.

7）　同書，159.

8）　平成29年3月に告示され，平成30年4月から実施された「幼稚園教育要領」「保育所保育指針」「幼保連携型認定こども園教育・保育要領」を指す.

9）　文部科学省（2008）『幼稚園教育要領解説』1.

10）　Merleau-Ponty, M. (1964) *Le Visibele et L'invisible: suivi de note de travail*, Editions Gallimard（メルロ＝ポンティ，M. (1989)『見えるものと見えないもの』滝浦静雄・木田元訳，みすず書房）.

11）　Noddings, op. cit.

学びを深めるために

Lévinas, E. (1961) *Totalité et infini: Essai sur l'extériorité*. Martinus Nijhoff（レヴィナス，E. (2020)『全体性と無限』藤岡俊博訳，講談社，および（2005-2006）『全体性と無限』（上・下巻）熊野純彦訳，岩波書店）.

井上美智子（2012）『幼児期からの環境教育――持続可能な社会にむけて環境観を育てる』昭和堂.

井上美智子・無藤隆・神田浩行編著（2010）『むすんでみよう子どもと自然――保育現場での環境教育実践ガイド』北大路書房.

岸井慶子・酒井真由子編著（2018）『コンパス 保育内容 人間関係』建帛社.

佐伯胖編著（2017）『「子どもがケアする世界」をケアする――保育における「二人称的アプローチ」入門』ミネルヴァ書房.

田中智志（2017）『共存在の教育学――愛を黙示するハイデガー』東京大学出版会.

西平直編（2013）『ケアと人間――心理・教育・宗教』ミネルヴァ書房.

浜田寿美男（2005）『「私」をめぐる冒険――「私」が「私」であることが揺らぐ場所から』洋泉社.

矢野智司（2014）『幼児理解の現象学――メディアが開く子どもの生命世界』萌文書林.

鷲田清一（2006）『「待つ」ということ』角川学芸出版.

地域ケアの視点から

第5章　地域包括ケア
—ケアリング・コミュニティを視点として—
伊 藤 博 美

は じ め に

　核家族化により成員が減少し，今や単身世帯が最も多い日本において，家族が担ってきたケア（家事・育児・介護・看護等）機能は社会化を余儀なくされている．庄司洋子は，ケアの社会化（脱家族化）への展開に伴い生じたケア・サービスの特徴として，次の3つをあげている[1]．1つ目は，家族という「かけがえのなさ」を問わないがゆえに供給を容易にすること，2つ目は，供給側が家族でないために家族生活を全体的にカバーするものでなく，細分化され制約があり，使い勝手の悪いものであること，3つ目は，細分化されたがゆえに，また家族でない者が行うがために，専門性すなわち質が求められることである．その典型例は，現在の日本の保育サービスであろう．

　しかし，医療・看護・介護の社会化については，施設から在宅でのケアへと舵が取られ，むしろ家族へと戻されている[2]．庄司は介護について，負担から家族を解放（脱家族化）したのではなく，家族とケア・サービス提供者との責任分担を問うものになったと指摘している．すなわちどういうケアを提供するか，家族に再度問われている状況にある．庄司の示したケア・サービスの第二の特徴（細分化され使い勝手の悪いケア）を地域で補い合う，あるいは支え合うのが，本章で取り上げる「地域包括ケア」システムである．

第1節　地域包括ケアとは

　2010年の報告書で政策を具現化した「地域包括ケア研究会」の委員を務め，現在，オランダの在宅ケア組織ビュートゾルフ（BUUTZORG）（「コミュニティケ

ア」の意）をモデルとしたプロジェクトに取り組む堀田聰子は，次のように書いている．「地域包括ケアシステム」は2014年「医療介護総合確保推進法」において「地域の実情に応じて，高齢者が，可能な限り，住み慣れた地域でその有する能力に応じ自立した日常生活を営むことができるよう，医療，介護，介護予防（要介護状態若しくは要支援状態になることの軽減若しくは悪化の防止をいう．），住まい及び自立した日常生活の支援が包括的に確保される体制」と定義された．これは2つの側面をもち，「統合ケア」は「プロフェッショナルなサービスを，機能アプローチに基づいて，いかに圏域単位で統合された形で確保・充実していくか」が課題である．そして「地域を基盤とするケア」は，資源やニーズの異なる地域ごとに，「住民が地域における最適を自ら地域で選んでいく」こと，「すべての人に居場所と出番がある共生のまちづくり」が重視されている[3]．

　このように地域包括ケアは，地域住民が最適を選択し参画する主体的なものとして語られるが，その実際はそう単純ではない．「地域包括支援センター」の担うケースには，センター職員が役割や立場を超えてケアし，ケアされる側がそのケアに身を委ね人としての生活を取り戻したものもある．天田城介は，2010年8月2日『民医連新聞』に掲載された，地域包括支援センターの次の実践事例を紹介している[4]．

　糖尿病で下肢を切断した70代男性Aさん（家族は妻，娘2人）が退院する際，東京・葛飾区の高齢支援課から地域包括支援センターへ，介護保険申請の援助とベッドの導入の依頼があった．センター職員が訪れたAさんの自宅はゴミ屋敷と化しており，まず職員は掃除とゴミ撤去を業者に依頼した．そこから9カ月，Aさんの退院後半年での死去による生活の変化への対応も含めた家族への支援について，センター職員は，ケアマネジャーや保健所，区の高齢支援課，民生委員，Aさん家族の住んでいた公団職員に呼びかけ，地域ケア会議を数回かけて開き問題点と対策を協議した．糖尿病と認知症で要介護2と認定された妻は，最終的に区の紹介で高齢者賃貸住宅へ，統合失調症と認定された2人の娘は生活保護を受けながら，長女が精神病院に入院，次女がNPO法人の女性専用施設に入居となった．その間センターの職員達はこの一家にかかわり続け，ゴミの片付け，掃除，娘の受診の付き添いなどをボランティアで行った．

　こうした複合的な困難さを抱えたケースを解決するためのケア・サービスを，受け手となる家族への「介入」と天田は指摘し，なかにはサービスを拒否するケースもあるとしている．それはニーズの認知やそれに応じる体制に関わる問題である．

第2節　ケアとニーズ

　小林良二は，ニーズに関連して次の2つの研究を取り上げる[6]．第一に，上野千鶴子は「当事者からみたニーズ」と「第三者から見たニーズ」を，それぞれにとっての顕在ニーズと潜在ニーズを組み合わせた4つの類型に分け，なかでも当事者にとっては潜在でありながら第三者からみて顕在しているニーズを「庇護ニーズ」とし，これへの対応の必要性を訴えている[7]．第二に平岡公一は，ニーズの潜在化には，制度やサービスの不備，利用の際のスティグマなど，ケアする側の問題を指摘した上で，「サービス利用者側の判断能力の問題」を指摘する[8]．

　天田があげた事例は，Aさん家族それぞれの人としての生活を取り戻す「庇護ニーズ」にセンター職員が応じたものといえるが，結果として家族をバラバラに住まわせることになり，拒否されてもおかしくなかった．こうした複雑な事例とまではいかなくとも，センター職員は利用者がサービスの利用について判断できるよう細やかなケアが求められる．たとえば，身体機能の低下の予防や困りごとの解決に向け「本人が納得できるサービスを導入」するため，「本人の趣味に合わせた施設を選択する，施設の選択肢を示す，施設の体験利用にいっしょに同行する」ほか，センター職員がサービス提供者と本人宅を訪問して顔をつなぐなど，信頼関係の構築に努めている[9]．このように地域におけるケアは，利用者のニーズを顕在化させ，次節で述べるように地域のフォーマルおよびインフォーマルな人的資源を活用して行われている．

第3節　地域でケアする人のありよう

● 見守り

　地域包括ケアがその目指す役割を果たすには，「見守り」というインフォーマルな人的資源による地域の活動が欠かせない．小林良二は「見守り」を，通学途上の防犯や事故防止のためのものも含むとしつつ，主として「健康面，精神面，経済面を含む日常生活，社会生活において，なんらかの支障が生じている「虚弱」な人々および「世帯」」を対象とし，そうした「支障のみならず，他者との関係を取り結ぶことが困難な人々」「支援を求められない，あるいは求めようとしない人々」への見守りが課題となっているとする．このような地域や近隣の住民による「見守り」は，する側の一方向的なものもありうると同時に，特定の関係がなくとも可能な行為だとする．

　地域における「見守り」は，対象者との直接的な利害関係がない場合，広い意味での「同じ地域に住む人々への懸念」という意識が動機づけになっている．ただしそうしたコミュニティ意識の醸成には2つの条件があり，第一には「見守り」の必要性への意識を高める情報提供，第二には，地域の町会や自治会，民生委員，またそれらが弱体化している場合には地域包括支援センターなど，相談や通報する先が，公的機関であるなど安定していることが求められる．[11]

● コミュニティナース

　フォーマルな人材に対してコミュニティナースという新しい働き方が現れている．日本経済新聞夕刊[12]に掲載された矢田明子の言葉によると，コミュニティナースとは，暮らしのなかで「地域住民との関係を深めることで健康的なまちづくりに貢献する医療人材……．暮らしのそばにいて，健康面でのお節介を焼く人．見守り，巡回など様々な活動を通じて安心を提供することで地域に関わり，まちを健康にする人たち」のことである．保健師の役割に近いが，「暮らしの中に入り込むこと，多様であること，健康や喜びへの貢献を自ら楽しむことをコンセプト」にしている．現在は看護師免許の保有者が中心であるが，有償無償を問わない働き方を想定しており，免許をもたずに活動する人を含める

幅広さがある.

　「支援を求めようとしない人々」から拒否される可能性も踏まえつつ, 家族でも友人でもないが「同じ地域に住む人々への懸念」から行われる見守りというインフォーマルなケアは, 地域包括センター等のフォーマルな人的資源が支えている. 他方, フォーマルなケアを行ってきた看護師から, 有償無償を問わない働き方をする, すなわち専門的知識やスキルを活かしつつ, 役割や立場を離れインフォーマルなケアの担い手になる者が現れている. いずれにしても, 地域の生活や「暮らし」に根ざしたケアであり, 役割や立場を超えて, 同じ地域の住民として行うケアを見出すことができる.

第4節　まちづくり

● 長野県茅野市の「福祉21ビーナスプラン」

　中村安志によれば, 長野県茅野市は1996年から, 保健・医療・福祉を中心とした分野の市民で構成する「茅野市の21世紀の福祉を創る会」を中心に研究・検討を重ね, 2000年3月, 地域包括ケアの先駆けともいえる「福祉21ビーナスプラン」を策定した[13]. そこでは生活圏を5つに階層化し, サービスも広域になるほど公的なサービスの割合を高くし, 身近な生活圏ほど地域の支え合いによるインフォーマルなサービスの割合が高くなるよう計画された. そして, 地域包括支援センターのモデルとなった「保健福祉サービスセンター」が, 中学校区にほぼ相当する4区域に1つずつ設置された. そこには市の健康福祉部の4割の職員が勤務し, ニーズを早期にキャッチするとともに, 複合的な問題に的確に応える体制が整備された.

　生涯学習の進む先として位置づけられ, 企画立案から市民が参画する「パートナーシップのまちづくり」の方法は, 2018年からの第3次の同プラン策定にも引き継がれた[14]. 2027年を見据えた第3次プランの最大の特徴は, 生活全体・対象・支援・つながりという4つの側面での包括的支援体制の整備により, 「すべての人がその人らしく生きていく」ための社会基盤またはシステムである「茅野よいてこしょネット(仮称)」にある. そこでは, ケアされる側もケアする側に回る可逆性や循環性, さらに医療・福祉の多職種連携に留まらない,

多業種連携の社会が目指されている.¹⁵⁾

　ケアされる側からケアする側に回るという可逆性や循環性, すなわち関わりの広がりから生まれるケアや世代間のケアを踏まえているところに, 同プランの強みがあるといえるだろう. 同プランの「はじめに」に掲載されている『政夫さんの場合』は, ごく初期の認知症と総合病院で診断された「政夫さん」が「保健福祉センター」に相談するところから始まり, 集中支援チームや地域の人々からのケアを受けつつ得意な絵手紙を他地区のサロンで教えるボランティア活動を始める. このサロンの担当者として, 不登校だったものの発達障害の診断を受け, 周りの人にケアされ, 大学を卒業し地元に戻ってきた甥が登場する. 政夫さんは, 自分の住む地区で新しく始まったサロンを手伝うなか, 認知症が進んでいないとかかりつけ医師から言われる, というストーリーである. ここでは政夫さんのケアの可逆性や, 甥によるケアの循環性が示されている. 茅野市は「まちづくりのパートナーシップ」とケアの可逆性・循環性により, 堀田の言う「住民が地域における最適を自ら地域で選んでいく」, 「すべての人に居場所と出番がある共生のまちづくり¹⁶⁾」を実現させる道程を進んでいるといえよう.

● 長野県松本市の「松本モデル」

　松本市は, 健康寿命延伸都市を標榜し「地域包括ケアシステム・松本モデル」構築を目指している. 松本モデルとは, 「地域づくりセンターや公民館, 福祉ひろばでの住民主体の地域づくり活動を土台として, ① 医療と介護の専門職が連携した在宅サービスの提供, ② 向こう三軒両隣のような地域の支え合いの仕組みを加え, 構築する」ものであり, 住民, 専門職, 行政の協働で取り組むとしている.¹⁷⁾

　②については, 市内3地区で「住民同士による支え合い活動の進め方を検討し, 手順をまとめた支援ガイド」が作成された. この「松本市包括ケアシステム推進事業　地域の支え合い活動支援ガイド」(2018年11月)は, 地域包括ケアシステムの定義に始まり, ケアを「世話」と定義し, 増大するケアの必要(すなわちニーズ)への対応を次の4つの観点から検討している. ① 予防の観点, ② 気軽にできる助け合いを拡大する観点, ③ 医療と介護の連携の観点, ④ ケ

アの問題を家族に封じ込めず，地域や社会で引き受ける環境をつくるという観点である．①②は地域住民が主体となって取り組める専門性を要さないケアとして，「お手伝い」のケアと位置づけられている．

　上記①〜④に対応する形で，(A)場づくり：予防を基盤にした「健康が維持できている地域」，(B)関係づくり：困りごとが解決できる地域，(C)連携づくり：専門知識を気兼ねなく使える地域，(D)安心づくり：緊急事態に対応できる地域と，地域づくりの位相が分けられている．その上で前者2つを35の地区ごとに設置された地域づくりセンターが，後者2つを地域包括支援センターが中心となって連携しながら担っていくというシステムが示されている．

　この地域づくりは，「地域で支え合う関係の基盤づくり」から始め，(1)推進チームの立ち上げ，(2)チームをつくるための学習，(3)地区診断（地区の強み・弱みの把握，地区目標の設定），(4)それまでの基盤づくりの評価・改善を経て，「支え合い活動の企画運営」として，(5)支え合い活動の推進（立ち上げ，伴走的支援，成果・課題の整理）へとつないでいる．この(3)地区診断において，「当事者意識」をもって（わがこととして）地域の支え合い活動に取り組もうと思えるよう「ストーリーで語る必要性」を訴えている点は興味深い．

　旧四賀村だった四賀地区は「豊かな地域資源を活かして今，孤立している人が「愚痴が言い合え」「談笑でき」「必要な手助け」が受けられる地域を目指す」，市内中心部に近い住宅地の第二地区は「思うように身体が動かせなくなっても，ひろば〔各地区に設置された福祉ひろば：引用者註〕から離れて住んでいても気軽に集え，健康維持・増進につながる活動ができる場を地区内に作っていきたい」といった共通目標を立てた．しかし岡田地区では，転出入者の多い南部と古くからの住民のつき合いがある（高齢化でそれも希薄化）北部との間に，共通課題や目標の設定が困難であったため，活動の大柱を「顔の見える関係づくり」とし，中柱に「町会・常会のつながり強化，子どもを巻き込んだ活動，学び合い・啓発・意識啓発」を掲げ，常会別に集まりの場を設けた．

　四賀や第二地区は，住民それぞれのストーリーを「私たち」のストーリーにまとめ，「私たち」の地区のニーズの顕在化に成功したといえよう．しかし岡田地区は無理に一つにまとめず，その他者性を保持したまま，互いの顔が見える関係づくりを目標とした．そしてその他者性をどのように，ケアしケアされ

る関係へ展開させるかが課題として明らかになった．このことは後述するケアリング・コミュニティに関連する．

第5節　地域をケアリング・コミュニティへ

「地域」とは何か．広井良典は地域コミュニティの変容を次のように指摘する[18]．都市化・産業化する以前は「農村型コミュニティ」という，生産のコミュニティがそのまま地域という生活コミュニティであった．高度経済成長を経て生産と生活が分離（職住分離）し，カイシャや核家族というコミュニティ，それを同心円的に拡大した国家というコミュニティの求心力が高まった．しかしその後少子高齢化により，地域とのつながり（広井は「土着性」と表現する）の強い子どもが減少する一方，同じく土着性の強い高齢者は増加している．また広井の指摘にとどまらず，地域という生活コミュニティにいわば飛び込んだり投げ出されたりする人々が増加している．その上で，広井は「独立した個人と個人のつながり」を基盤とする「都市型コミュニティ」の構築が，現在の日本の最大の課題と指摘する[19]．

冒頭の庄司の指摘のように[20]，介護や看護等のケアが家族に戻されるなか，地域包括ケアシステムは医療福祉の専門職だけでなく「近隣住民を巻き込んだ支援体制[21]」が本人や家族を支える役割を果たしつつある．それは，茅野市のケアの可逆性や循環性に見られるように「すべての人に居場所と出番がある共生のまちづくり」を基盤としている．地域コミュニティへの帰属意識がそれぞれ異なるなか，いかに各人が地域というコミュニティにかかわるか，地域包括ケアシステムは問うている．

ここで改めて，社会生態学の成果を踏まえたコミュニティ論に触れておく．人間は直接的に社会に属するのではなく，家族やカイシャ，地域といった中間的集団に属するが，その集団には，内部でケアし合い同質性を求める関係と，外部とつながり異質な他者に開いた関係の2つの関係が存在する．すなわちコミュニティは本来的に後者の関係を有し，地域から見れば，定住者による継続性の提供と，新参者による多様性と相互作用から生まれるクリエイティヴな融合の提供により，コミュニティが安定すると広井は訴える[22]．

　上述した都市型コミュニティの構築は，高齢の単身世帯が増加する農村部においても課題となりつつある．「私たち」の目標をまとめることはできても，その実現には地域住民の相互のケアだけでなく，「土着性」の弱い外部の公的人材（例えば訪問看護師等），加えて交流人口と言われる一時的な訪問者などによるケアが期待される．すなわち地域が「地域包括ケア」を実践する，言い換えればケアリング・コミュニティとして成立するには，土着性の強い人々が他者性を粘り強く受け入れ，それとの相互作用が求められるということである（なお他者性は地域の内部にも存在する）．「包括」の意を汲み，ケアする側とケアされる側との間に存在する差異，すなわち他者性あってこそのケアであること，そしてケアには継続性と粘り強さが求められることを，ケアリング・コミュニティは再確認させる．そして，一時定住者や交流人口との結びつきを結んだり解いたりするような，山住・エンゲストロームの提唱する「ノットワーキング[23]」に依拠した組織づくりが求められている．岡田地区の課題を解く鍵はここにあるだろう．

注

1）　庄司洋子（2013）「ケア関係の社会学——家族のケア・社会のケア」庄司洋子編『親密性の福祉社会学——ケアが織りなす関係』東京大学出版会，11-13.

2）　同書，14-15.

3）　堀田聰子（2015）「パネリスト講演　地域包括ケアの担い手を考える——支えあい育みあうまちづくり」『医療と社会』24(4)，368-369.

4）　天田城介（2013）「社会サービスとしてのケア——シンプルな社会設計こそが社会サービスを機能させる」庄司洋子編『親密性の福祉社会学——ケアが織りなす関係』東京大学出版会，254-258.

5）　同書，258.

6）　小林良二（2013）「地域の見守りネットワーク」藤村正之編『協働性の福祉社会学——個人化社会の連帯』東京大学出版会，160-161.

7）　上野千鶴子（2008）「当事者とは誰か？——ニーズ中心の福祉社会のために」上野千鶴子・中西正司編『ニーズ中心の福祉社会へ——当事者主権の次世代福祉戦略』医学書院，12-17.

8）　平岡公一（2011）「社会福祉とニード」平岡公一・杉野昭博・所道彦ほか『社会福祉学』有斐閣，428-429.

9）　川本晃子・田口敦子・桑原雄樹ほか（2012）「地域包括支援センター保健師が地域住民と協力して行った個別支援の内容」『日本地域看護学会誌』15(1)，113.

10)　小林，前掲書，160-162，166.

11)　同書，168.

12)　2019年 4 月22日〜26日連載記事（大橋正也担当）.

13)　中村安志（2014）「市民と行政のパートナーシップ——福祉21ビーナスプランの挑戦と実践」大橋謙策編『ケアとコミュニティ——福祉・地域・まちづくり』ミネルヴァ書房，279-282.

14)　詳細は茅野市のホームページ〈https://www.city.chino.lg.jp/〉参照.

15)　同プラン冒頭の福祉21茅野代表幹事，小口晋平の「あいさつ」参照.

16)　堀田，前掲書.

17)　「広報まつもと」No. 1348，2018年 4 月.

18)　広井良典（2010）「コミュニティとは何か」広井良典・小林正弥編著『コミュニティ——公共性・コモンズ・コミュニタリアニズム』勁草書房，13-19.

19)　同書，16-19.

20)　庄司，前掲書.

21)　川本ほか，前掲書，113.

22)　広井，前掲書，22.

23)　山住勝弘，エンゲストローム，Y.編（2008）『ノットワーキング——結び合う人間活動の創造へ』新曜社.

学びを深めるために

天田城介（2013）「社会サービスとしてのケア——シンプルな社会設計こそが社会サービスを機能させる」庄司洋子編『親密性の福祉社会学——ケアが織りなす関係』東京大学出版会.

上野千鶴子（2008）「当事者とは誰か？——ニーズ中心の福祉社会のために」上野千鶴子・中西正司編『ニーズ中心の福祉社会へ——当事者主権の次世代福祉戦略』医学書院.

川本晃子・田口敦子・桑原雄樹ほか（2012）「地域包括支援センター保健師が地域住民と協力して行った個別支援の内容」『日本地域看護学会誌』15(1)，109-118.

小林良二（2013）「地域の見守りネットワーク」藤村正之編『協働性の福祉社会学——個人化社会の連帯』東京大学出版会.

庄司洋子（2013）「ケア関係の社会学——家族のケア・社会のケア」庄司洋子編『親密性の福祉社会学——ケアが織りなす関係』東京大学出版会.

中村安志（2014）「市民と行政のパートナーシップ——福祉21ビーナスプランの挑戦と実践」大橋謙策編『ケアとコミュニティ——福祉・地域・まちづくり』ミネルヴァ書房.

平岡公一（2011）「社会福祉とニード」平岡公一・杉野昭博・所道彦ほか『社会福祉学』有斐閣.

堀田聰子（2015）「パネリスト講演　地域包括ケアの担い手を考える——支えあい育みあうまちづくり」『医療と社会』24(4)，367-380.

山住勝弘，エンゲストローム，Y.（2008）『ノットワーキング——結び合う人間活動の創造へ』新曜社.

第6章　被災地で，被災者とよそ者とで拓くインクルーシブなコミュニティ

三浦　修

はじめに

　地域共生社会[1]が語られるとき，人口減少による限界集落や地方消滅など地域の存続危機ばかりに目が向けられがちだが，社会福祉の観点から捉えるならば，地域の福祉力が弱まっていることを見逃すことはできない．それは，単にケアの担い手不足という今日的課題に限らない．制度，サービスや福祉の専門職が地域住民の支え合う力，包摂力を奪ってきたという事実．利己主義が蔓延し，ボランティアなど地域活動へ向かおうとする意識に乏しくなっている．あるいは，格差社会が広がり，地域との関わりそのものができない状況を生み出しているのかもしれない．これらを背景とする福祉力の脆弱化は，人と人とのつながりを希薄にし，社会的孤立をもたらしている．家族，近隣住民だけでなく情報や制度・サービスから孤立した状態が続いていくことにより，生きる意欲を失う，セルフネグレクトに陥るなどの問題が現実に起こっている．地域の福祉力を乏しいままにしたならば，こうした人々はやがてコミュニティから排除されていくであろうことは目に見えている．

　このように考えると，地域共生社会とは，ケアリングを中心的価値とするコミュニティとして再生させていくことであるといえるのではないか．メイヤロフが「相手をケアすることにおいて，その成長に対して援助することにおいて，私は自己を実現する結果になるのである」「他者が成長していくために私を必要とするというだけでなく，私も自分自身であるためには，ケアの対象なるべき他者を必要としているのである[2]」と述べ，相互作用こそがケアの本質であるとしたように，ケアする側とケアされる側との人間関係のなかで，双方向の関係性を築く努力を私たちはしなければならない．相互に成長し，みんなが自己

実現できる．そのためにコミュニティはどうあるべきか．本章では，このような問題意識を持ち，被災地の復興プロセスに見られるコミュニティ・エンパワメント実践の実際を手がかりにケアリングを基調としたインクルーシブなコミュニティの条件を探ってみたい．

第1節　東日本大震災 (2011.3.11) 被災地は今

● コミュニティに潜むもの

　東日本大震災被災地では今，巨大防潮堤に象徴されるようにインフラ整備やハード面での復興は着実に進んでいる．一方で，格差が広がり，コミュニティを破壊しようとしている．同じコミュニティの被災者同士であっても，支援格差，補償格差，復興格差のように目に見える形で格差が突きつけられることで人々の信頼性は失われ，やがてコミュニティの力は弱まっていくのである．また，岩田正美が，「“復興”という言葉は，何かそこに標準的な望ましい被災者像を押しつけてくる傾向があるのではないか」「その過程で，被災地域で生活する人を，自立していく人とそうでない人に分断していき，排除に結びついていく危険性もある[3]」と警鐘を鳴らしているように，コミュニティには分断と社会的排除というつながりや絆を絶つ力が潜んでいることも確かなことのようだ．

　なぜ，被災地で生み出された自発的な相互扶助や秩序形成を信頼する思想は持続せずに格差や分断，社会的排除が生じるのだろうか．その理由は，復興のあり方に求めることができる．例えば，塩崎賢明は，巨大な開発復興事業によってもたらされるコミュニティの破壊や孤立，社会格差，分断，社会的排除などの問題群を「復興災害[4]」とした．そして，これらの問題はいわば人災であるとし，社会の脆弱性やしくみなど社会構造に原因を求めている．また，阿部彩は，「震災前から社会的に内在されてきた社会的排除の力学が，そのまま災害弱者を生み出し，災害格差を拡大させている．格差や包摂の視点が抜けたまま，やれ橋だ，港だ，道路だと，やみくもに「復興」の道を走ると，格差がどんどん悪化したまま1980年代以降の社会構造を再構築するだけだ[5]」と指摘している．このように人々の信頼性を失わせ，つながりを絶ち，排除を強いるのは，開発・成長を最優先する復興政策と無関係ではない．

● 人間の復興

　「防潮堤とか高速道路なんかよりもわたしたちは（津波から）逃げるための道を作ってほしいけど，一本も作ってくれないのよ……」「計画にはなかったけど，ここもかさ上げが決まってねえ……（明治時代から続く）銭湯閉じなきゃいけなくなったのよ……」「国の補助がなくなったら，どうするんだ！　維持管理にかかるお金，自主財源で賄えるはずないだろ！　子どもや孫たちに負担させることになるんだよ！　だったら，復興のあり方を見直すべきじゃないのか！」．

　このような被災者の声をかき消しながら創造的復興が押し進められていく．これも歴然とした被災地の現実である．中越大震災の時も，創造的復旧という言葉が用いられ，長岡市などの中心部における大規模プロジェクトや集落の平坦地への大規模移転の構想が浮上した．しかし，山古志村では，多くの人が山古志村に戻り，生活と生業を再建することができた．なぜか．その理由は，「山古志に帰ろう」というスローガンの下に，集落ごとにつくった仮設住宅での話し合いを繰り返し，「帰りたい」という思いを大切にした昭和旧村単位の復興ビジョンを策定したからに他ならない．このような山古志村の経験からもわかるように，震災からのコミュニティ再生は「人間の復興[6]」理念に基づいたものでなければならない．

第2節　コミュニティの再生を支えるもの

● 生活復興感と「絆」

　3.11をきっかけとして「絆」がキーワードとなったように，あらためて「コミュニティ[7]」への関心が高まっている．なぜだろうか．それは，被災者の復興に対する実感である生活復興感と関係がある．生活復興感は，「人とのつながり」が確保されることで高まることはよく知られているが，実際には，住まいを失った被災者は避難所から仮設住宅，復興公営住宅へというように次々に移り住むことを強いられるという事態がある．そして，そのたびにそれまでの人間関係が失われ，また初めから「人と人とのつながり」を再構築しなければならない．そのつながりのなかで，この人に出会えてよかったと思えるような

「出会い」があってはじめて理不尽な被災体験に意味を見出すことができるようになるのである．例えば，避難所や仮設住宅でプロフェッショナルである支援者に対しては話せないことでも，ボランティアには気兼ねなく被災経験を話せるという被災者は多い．これは，プロフェッショナルな支援者には，支援する側と支援される側という固定した役割関係があることに被災者が気づいているからに他ならない．そうではない関係性，すなわち，寄り添う姿勢やパートナーシップを，被災者はボランティアに見ているのであろう．「人」として被災者と向き合うという価値と倫理的態度こそが，被災者支援においてもっとも大切にされなければならない．

　被災者にとっての復興とは，人生の再構築という意味合いを持っている．そのために，コミュニティのあり方を問い直し，つながりを豊かにすることやその関係性の維持あるいは紡ぎなおすことを目標とした支援を通して，被災地をインクルーシブなコミュニティとして再生させていくことが必要なのだと考えることができる．

● エンパワメント

　権利回復の思想を基盤とするエンパワメントは，被災者，被災地支援を考えるときに重要な概念である．ソーシャルワークなど対人援助の領域で重視され，専門職主義や福祉官僚制への批判や当事者運動，セルフヘルプ・グループの高まりや発展などを背景として，当事者の潜在能力や可能性の啓発・強化と環境変革を含めた主体的な問題解決を支援するエンパワメント・アプローチとして確立されている．

　そして，個人がエンパワメントされることで，その個人が属するコミュニティもエンパワメントされるという相互作用があるとされている．テイラーは，力の劣ったコミュニティに対して外部から技能や知識を注入することで力を付与するという考え方ではなく，社会的に排除されてきた人々を想定し，当事者の潜在的な力（眠っている力や資源）を顕在化させ，彼らが自ら意思決定し行為することが可能な主体へと変化していくプロセスとしてコミュニティ・エンパワメントを捉えている[8]．これをもとに被災者，被災地のエンパワメントを考えれば，喪失により無力感に閉じ込められた状態や地域に潜む差別や排除などに

より抑圧された状態からの「解放」と生活問題解決に向けた「主体性の回復」が目指すべき支援の方向性として見えてくる．そのためには個人やコミュニティの力をつけることや個人やコミュニティの潜在的な力を引き出し，その潜在能力が発揮できる条件や環境整備としての地域変革がどうしても必要となってくる．

● ソーシャル・キャピタル×レジリエンス

　パットナムは，市民が信頼し合い，協調・連帯している土壌をつくること，市民共同体が地域に根付いていること，すなわち「ソーシャル・キャピタル」が地域変革の源泉となるという考え方を示した[9]．また，アルドリッチも，地域住民のネットワークこそが災害復興速度の違いをもたらしているとし，「今こそ，ソーシャル・ネットワークが持つ力に関する知識を活用して，物的なインフラではなく，人々の行動力を加味し，綿密に計画された政策によって，被災者や政府の再建計画を担当者がレジリエンスを育んでいくのを後押ししなければならないのである．ソーシャル・キャピタルを確実に議題に乗せることによって，効果的で効率的な復興を創造する将来計画が作り上げられ，さらに高いレジリエンスを持つコミュニティを育てることが可能となるのである」[10]と提言している．ソーシャル・キャピタルは，慈善，仲間，相互の共感，グループ内の社会的交流や個人に信頼や規範，ネットワークといった目に見えないが成長や開発にとって有用な資源のことをいう．地域，民族，社会階層などが同じグループ内（例えば，コミュニティにおける伝統的な地縁・血縁関係）での結束を固めるような内向き・閉鎖的な結束型（Bonding）と異なるグループ（例えば，テーマや問題意識を共有するNPO活動などをベースにした活動）の橋渡しをするような解放的・水平的なネットワークを形成する橋渡し型（Bridging）があるとされる．

　さらに，アルドリッチは，ソーシャル・キャピタルが発災後の地域のレジリエンスに影響しうることも指摘している．レジリエンスは，回復力・復元力とも和訳されるようにエンパワメント概念とともに注目されている概念である．定義はさまざまだが，コミュニティ形成支援の枠組みで考えるならば，アルドリッチが「連携した働きかけと協力し合って行う活動を通じて，災害などの危機を切り抜け，効果的で効率的な復興に取り組むための地域が持つ潜在能力」[11]

と述べているように逆境から立ち直る，元気を取り戻すなど力動的過程として
レジリエンスを捉えることができる．すなわち，コミュニティ・レジリエンス
の概念には，コミュニティの内在的，潜在的な力を引き出すエンパワメントの
思想が含まれているといえるだろう．

　このようにコミュニティを再生に向かわせる原動力は，再び生活を建て直そ
うとする被災者の存在そのものなのである．権利を回復し，主体性を取り戻し
た被災者らが，回復力や復元力としてのレジリエンスと連帯意識や地域共同体
のネットワーク力としてのソーシャル・キャピタルを統合していくことで，包
摂力の高いレジリエント・コミュニティが構築されていくと考えられる．

第 3 節　被災地におけるコミュニティ・エンパワメント実践

● 協働と学習拠点としてのゲストハウス

　ここからは，被災地におけるコミュニティ・エンパワメント実践として，ゲ
ストハウスである「架け橋」の取り組みを紹介する．「架け橋」は，よそ者の[12]
若者たちによるソーシャルビジネスであり，被災地が抱える課題解決のために
次のような事業を行っている．

　　・人口減少問題に対して，若者が地方を訪れたいと思う観光資源や環境の
　　　整備，若者が魅力を感じる仕事の準備，若者が集い，楽しむ場所を確保し，
　　　若者が地方を訪れる機会を増やすことや定住したいと思える環境づくりを
　　　行う．
　　・空き家増加問題に対して，安く宿泊でき，交流を楽しめるゲストハウス
　　　の運営，勉強を教えつつ若者の町おこしの参画を促すことのできる高校生
　　　向け勉強場所づくり，若者同士及び地域住民と若者がつながることができ
　　　るカフェやフリースペースの確保を行うことで，空き家の有効利用法を開
　　　発する．
　　・情報化社会への対応と地域活性化に向けて，ICT の活用方法やイン
　　　ターネットによる情報収集，情報発信の方法を地域住民とともに学習する
　　　機会づくりを通じて，地域の魅力の発信や仕事の簡略化を図ることで地域

経済の活性化や新たな可能性を模索する．

　このように「架け橋」の取り組みは，被災地内外の若者や地元住民などゲストハウス利用者の参加意欲を引き出すために，人と人とがつながること，とりわけ，被災地と被災地外の交流を意図したものとなっている．被災地外からのボランティアの宿としての機能と地域住民が気軽に集える場，宿泊者と地域住民との交流の場としての機能を備え，復興とコミュニティの再生という目標に協働して向かっていくための活動と学習拠点として被災地に根付いている．

● 結束型ソーシャル・キャピタル醸成への貢献

　「架け橋」は，ゲストハウスを作る前から，地域住民の参加意識を醸成している．まず空き家探しの段階から地元のお寺と檀家との信頼関係を築き，地元住民に対してゲストハウスの必要性や有効性を繰り返し説明し，理解を得るプロセスを踏んでいくことで，地域のなかで共感的な雰囲気を生み出した．すなわち，地域住民の総意としてゲストハウスの開設が望まれるようになっていく．そのようにして生み出された地域住民のゲストハウスに対する思いは，自分の力を役立てたいという参加意欲を引き出すことにつながった．例えば，「空き家はすべて地域住民と被災地外からのボランティアの手によってゲストハウスへの改修工事を行った」，「被災地外のボランティアに対して住民が震災の語り部をしてくれるようになった」，「ゲストハウスで提供する食事の材料は地元の農家が無償で提供してくれるようになった」，「絵本カフェ事業は子育て中のママがスタッフとして働くようになった」，「居酒屋事業では移住した若者が切り盛りするようになった」という具合である．自分の力が活かせる場であれば，その場に何らかの形で関わり続けたいと思うのは当然の心情である．「架け橋」では，地域住民はゲストハウスのお客ではなく運営の主体者として捉えたことで，自分ごと化が図られ，参加意識の醸成に成功したのである．このような参加意識を持った住民がいることで被災地外からのボランティア，そして地域住民同士のつながり作りの場としてゲストハウスが機能するようになった．すなわち，共感性と当事者性をコンセプトとした事業展開が可能になったのである．このように，地域住民同士の密接なネットワークを形成し，相互に支え合う関

係や連帯感，さらにはコミュニティへの帰属意識などを生み出している．このことから「架け橋」は，結束型ソーシャル・キャピタルの醸成に貢献しているといえるだろう．

● 橋渡し型ソーシャル・キャピタル醸成への貢献

　「架け橋」の原点は，被災地復興支援のためのボランティア・コーディネートであるが，被災地の復興が進み，人々の暮らしが元に戻り始めるなか，徐々にボランティアとして訪れる若者が少なくなってきた．そして，被災地外からの若者が減ったことで商店街などに活気がなくなってしまうという新たな課題が生じた．そのため，「架け橋」は，ボランティアを集め復興の手助けをすること，気仙沼を訪れる人を増やし，食事をする，買い物をすることで地域経済が活性化すること，学生が震災を知り，考え，防災意識を高めることを目的とした新しいボランティア・プログラムを作った．被災地視察のほか，地元企業でのわかめの箱詰め手伝い，漁村でのわかめの刈り取り・加工の手伝い，NPOでのツリーハウス作りの手伝い，子どもの見守り，仮設住宅に住む高齢者の畑づくりの手伝い，学習支援として高校生への家庭教師などの活動を行ったり，地元住民の語り部から話を聞いたり話し合ったり，食事をともにすることで交流を深めるなど，被災地を知り，地域住民との交流を深めることを目的としたボランティア・プログラムを提供することで全国から若者が訪れるようになった．このように，ボランティアであるよそ者の若者がパイプ役となり，企業と地域住民，NPOと漁村，高齢者と若者のように異なるグループ同士の関わりや外部資源とのつながりをつくることで，より広範囲にわたるアイデンティティを生み出している．このことから「架け橋」は，橋渡し型ソーシャル・キャピタルの醸成に貢献しているといえるだろう．

　これまでみてきたように，協働と学習拠点としてのゲストハウスを中心とした「架け橋」の取り組みにより，結束型，橋渡し型それぞれのソーシャル・キャピタルが醸成されている．そして，「被災後うつうつとし引きこもりがちになっていたが，架け橋で語り部として宿泊者らに被災経験を語っていくうちに，地域活動やまちづくり協議会に積極的に参加できるようになった高齢女性」，また，「被災後子育てに疲れ，孤立していたが，架け橋の絵本カフェに参

加したことをきっかけにスタッフとなり，今では地域の子育て支援の中心的存
在となったママ」，さらに，「防潮堤の工事により大好きなサーフィンができな
くなり無気力になっていたが，架け橋の仲間と関わるなかで意欲を取り戻し，
今では子どもたちに海で遊ぶ機会を提供するNPOスタッフとして働くように
なった若者」などのケースが示すように「架け橋」の活動を通じてエンパワメ
ントされた個人が地域活動に参加することでさらに地域がエンパワメントされ
ていくという好循環を生み出し，それがソーシャル・キャピタルを強固なもの
にしていくという相乗効果を生んでいる．このことから「架け橋」の取り組み
は，よそ者の若者によるコミュニティ・エンパワメント実践の先進事例といえ
るだろう．

第4節　コミュニティ再生への挑戦

　もちろん復興には何十年という長い時間を要するし，"このまま分断が進み
格差が広がり人々のパワーは奪われ地域力が弱まり，やがて消滅していくの
か"それとも"被災者がパワーを取り戻し地域力が高まり，インクルーシブを
基調としたケアリングコミュニティとして再生するのか"の岐路に被災地が
立っていることはいうまでもない．一方で，本章で取り上げた「架け橋」のよ
うに被災地の復興，コミュニティの再生を熱望するよそ者の若者たちによる挑
戦がはじまっていることは確かである．彼らは，被災者の語りを聴き，うなず
き，共感している．そして，多くの語りを一続きの語りにまとめて紡いでいる．
コミュニティが再生していくために必要な結束型・橋渡し型それぞれのソー
シャル・キャピタルをバランスよく蓄積しているのである．このような若者た
ちの成長とコミュニティ・エンパワメントのプロセスのなかで，被災者は，自
分たちの地域の価値を捉えなおし，地域の課題を共有し，新しい地域の未来を
求める運動体としてのコミュニティを自ら形作っているのである．
　吉原直樹が，「ボランティアを始原とする多様性と異他性，すなわちお互い
に「見知らぬもの」であること，「他者である」ことが鍵となるような「集ま
り」がある種の交流的社会圏（social sphere）を構成する要件として立ちあらわ
れつつある」[13]と指摘するように，コミュニティに内在する住民力や包摂力によ

そ者が気づき，引き出すことによってソーシャル・キャピタルが醸成されていく．こうした構図で災害からの復興とコミュニティ再生への道筋をイメージすることにおよそ間違いなさそうだ．大切なのは，コミュニティ再生への挑戦を止めないこと，止めようとする勢力に対して抗うことである．そして，この挑戦のプロセスに住民が我が事として「参加」できることが，地域の福祉力を取り戻す原動力であり，インクルーシブなコミュニティの条件なのだろう．

注

1）　厚生労働省「地域共生社会」の実現に向けて〈https://www.mhlw.go.jp/stf/seisakunitsuite/bunya/0000184346.html〉2019年 3 月31日．

2）　メイヤロフ，M.（1987）『ケアの本質——生きることの意味』田村誠・向野宣之訳，ゆみる出版，69.

3）　岩田正美（2011）「震災と社会的排除」『POSSE』12，12.

4）　塩崎賢明（2014）『復興〈災害〉——阪神・淡路大震災と東日本大震災』岩波書店，参照.

5）　阿部彩（2011）『弱者の居場所がない社会——貧困・格差と社会的包摂』講談社，158ページ．

6）　額田勲（2013）『孤独死——被災地で考える人間の復興』岩波書店，参照.

7）　マッキーヴァー，R. M.（1975）『コミュニティ——社会学的研究：社会生活の性質と基本法則に関する一試論』松本通晴監訳，ミネルヴァ書房，は，コミュニティを「一定の地域において営まれる共同生活」と規定し，コミュニティの基礎として「地域性」と「コミュニティ感情」をあげた．そして，「コミュニティ感情」については，「共属意識」，「役割意識」，「依存意識」の 3 つの要素からなるものであり，これらは社会化，教育のプロセスによっても構築されるとした．

8）　テイラー，M.（2017）『コミュニティをエンパワメントするには何が必要か——行政との権力・公共性の共有』牧里毎治・金川幸司訳，ミネルヴァ書房，参照.

9）　パットナム，R. D.（2006）『孤独なボウリング——米国コミュニティの崩壊と再生』柴内康文訳，柏書房，参照.

10）　アルドリッチ，D. P.（2015）『災害復興におけるソーシャル・キャピタルの役割とは何か——地域再建とレジリエンスの構築』石田祐・藤澤由和訳，ミネルヴァ書房，220.

11）　同書，9.

12）　よそ者は，地方消滅が懸念されている今日，地域づくりやまちづくりなどの分野において，その役割が積極的に評価されている．よそ者がもたらす効果として，①技術や知識の地域への移入，②地域の持つ創造性の惹起や励起，③地域の持つ知識の表出支援，④地域（や組織）の変容の促進，⑤しがらみのない立場からの問題解決などが期待されており，実際の地域づくりでは，それぞれの効果が独立した事象として起

こっているのではなく，複合的に同時に起きていると考えられている．敷田麻美
（2009）「よそ者と地域づくりにおけるその役割にかんする研究」『国際広報メディア・
観光学ジャーナル』(9)．
13)　伊豫谷登士翁・齋藤純一・吉原直樹（2013）『コミュニティを再考する』平凡社，
121-122.

学びを深めるために

クライン，N.（2011）『ショック・ドクトリン——惨事便乗型資本主義の正体を暴く』幾
　　島幸子・村上由見子訳，岩波書店.

ソルニット，R.（2010）『災害ユートピア——なぜそのとき特別な共同体が立ち上がるの
　　か』高月園子訳，亜紀書房.

東洋大学福祉社会開発研究センター編（2013）『山あいの小さなむらの未来——山古志を
　　生きる人々』博進堂.

マッキーヴァー，R. M.（1975）『コミュニティ——社会学的研究：社会生活の性質と基本
　　法則に関する一試論』中久郎，松本通晴監訳，ミネルヴァ書房.

諫山正監修，平川毅彦・海老田大五朗編（2018）『コミュニティビジネスで拓く地域と福
　　祉』ナカニシヤ出版.

大橋謙策編（2014）『ケアとコミュニティ——福祉・地域・まちづくり』ミネルヴァ書房.

日本社会福祉士会編（2018）『地域共生社会に向けたソーシャルワーク——社会福祉士に
　　よる実践事例から』中央法規出版.

第7章　子ども食堂におけるケアリング

藤瀬竜子

はじめに

　子ども食堂は，平成30年4月現在，全国に約2300カ所存在する[1]．これまでの福祉事業とは異なり，行政や専門職ではなく，地域住民が運営する点に特徴がある．本章では，子ども食堂におけるケアリングについて考察する．

第1節　子ども食堂の誕生

　「子ども食堂」とは何か．湯浅によると，名づけ親である近藤博子さん（気まぐれ八百屋だんだん店主）は，「子どもが一人でも安心してこられる無料または定額の食堂」のことを「子ども食堂」と名づけ，自身の実践活動の中で2012年から「子ども食堂」という名称を使いはじめた[2]．「1ミリでも何か動かしたい」という世の中の人々が子ども食堂をつくりはじめたという．さらに「「できることを，できる人が，できることから」の精神で実際に着手しており，社会が大きく，そして根本から変わるとしたら，それは，問題を自分ごととして引き受ける人たちの試行錯誤の中にしかない」と指摘しており，子ども食堂は，まさにできるところから着手する実践のありようである．

　では，「子ども食堂」はどのような目的で設置されたものなのか．前述の湯浅は，こども食堂の類型を図7-1のように示している[3]．タテ軸は「目的」の軸を示す「地域づくり型―ケースワーク型」軸，ヨコ軸は，対象者を示す「ターゲット限定―ターゲット非限定」の2軸による4類型を示している．

　現在開催されている子ども食堂の多くは，対象者を限定しない，地域づくり型の「共生食堂」型であるといわれている．しかし，それぞれの領域は明確に

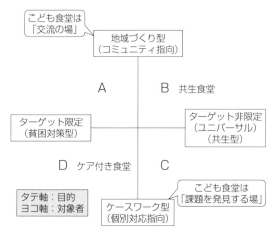

図7-1　子ども食堂の類型（理念型）

出典）湯浅誠（2017）『「なんとかする」子どもの貧困』KADOKAWA，77.

分割されているわけではなく，他領域の要素を重ねている場合がある．「ケア付き食堂」と「共生食堂」という矛盾する２つの概念を飲み込んだ子ども食堂だからこそ，さまざまな人も思いを受け止める存在になり得たと指摘している．

　子ども食堂が全国に広がり始めた頃，子どもの貧困が社会の注目を浴び，2013年には「子どもの貧困対策の推進に関する法律」が成立した．翌2014年には「子供の貧困対策に関する大綱について」が閣議決定された．「子供の将来がその生まれ育った環境に左右されることないよう，また貧困が世代を超えて連鎖することにないよう，必要な環境整備と教育の機会を図る」ことがその目的とされた．「貧困」という単語からは，経済的貧困がまず頭に浮かぶであろう．しかし，「子どもの貧困」とは，経済的，物質的貧困だけでなく，そこから教育の機会およびさまざまな活動への参加機会が剝奪され，人間関係や社会性を育成する機会が不足することである．さらに経済的貧困を背景とした親は，その生活に精神的な余裕を持ちにくくなり，必然的に親としてのケアの時間が不足し，子どもは十分に親からケアを受ける機会をも剝奪されるのである．しかし，子どもの貧困問題は，保護者の貧困を背景としており，その解決には雇用，労働，福祉，教育など社会全体での取り組みが必要である．したがって，子ども食堂は，貧困にある子どもへの支援の一つではあるが，これにより「子

どもの貧困」が解決するものではない.

　既存の福祉制度としての事業展開ではない「子ども食堂」は，その活動を後追いする形で，行政の支援が出現する. 2018年6月に，厚生労働省は，都道府県知事，指定都市長，中核市長あてに，子ども家庭局長，社会・援護局長，社会援護局障害福祉保健部長，老健局長連名通知「子ども食堂の活動に関する連携・協力の推進及び子ども食堂の運営上留意すべき事項の周知について（通知）」を発出し，地域住民，福祉関係者，教育関係者に子ども食堂への理解と協力を促すことが記されている.

　また，この通知において，子ども食堂は次のように定義された.「地域のボランティアが子どもたちに対し，無料又は安価で栄養のある食事や温かな団らんを提供する取組」であり「子どもに限らず，その他の地域住民を含めて対象とする取組を含む」. さらに同通知では「子ども食堂は，子どもの食育や居場所づくりにとどまらず，それを契機として，高齢者や障害者を含む地域住民の交流拠点に発展する可能性があり，地域共生社会の実現に向けて大きな役割を果たすことが期待されます」と説明している.

　村井は，貧困をめぐる実践の道筋を図7-2のように示した[4]. 子ども食堂の実践は，この図の左下点線楕円部のとおり，子どもや家庭での困り事に「きづ

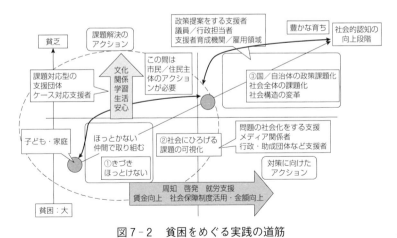

図 7-2　貧困をめぐる実践の道筋

出典）村井琢哉（2017）「子どもの貧困と切れ目のない子どもの育ちの環境づくり——山科醍醐こどものひろばの実践より」『発達』38(151), 42-47より筆者一部改変.

き，ほっとけない」「地域住民・市民，子どもの周りの人」が「ほっとかない
仲間で取り組む活動」といえよう．2000カ所以上の子ども食堂がある事実は，
「きづき，ほとけない」人々がこれほどまでに多いことを物語っている．

第2節　子ども食堂の実態
──誰が何を想って開催しているのか──

　では，子ども食堂を運営する「地域住民・市民，子どもの周りの人」とは一
体どのような組織であろうか．2018年に発表された農林水産省の調査[5]（全国274
の子ども食堂が回答）によれば，「独立した法人等」が80.7％と大多数を占め，社
会福祉協議会からの委託が2.9％，自治体直営1.8％，社会福祉協議会直営1.8
％，自治体からの委託1.5％と続く．「独立した法人」の内訳は，任意団体42.5
％，NPO法人23.1％，一般人14.9％，一般社団法人3.6％，企業3.2％，宗教
法人2.4％，その他5.4％である．
　開催頻度は，「月1回程度」が約半数の48.5％，「2週間に1回程度」が24.5
％，「週1回以上」の開催は14.2％である．開催時間帯（複数回答）は「平日の
夜」が最も多く55.8％であり，次いで「土・日・祝日の昼」が39.1％であった．
　次に，子ども食堂の活動目的を同調査から引用し図7-3に示す．ここでは，
「主な活動目的」への意識を四件法でたずねた．「とても意識している」と答え
た率が高い項目は，順に「多様な子供たちの地域での居場所づくり」（78.3％），
「生活困窮家庭の子供の地域での居場所づくり」（60.8％），「子育ちに住民が関
わる地域づくり」（58.8％），「生活困窮家庭の子どもへの食事支援」（55.5％）で
ある．食事を提供する「食堂」であるが，活動の目的が食事の提供だけではな
いことが，この調査結果から明らかとなる．同調査によれば，このような目的
をもった子ども食堂では，共に食事をすることのほか，学習支援，ゲームや遊
び，ごみ拾いなどの地域清掃を行う団体もあり，これらの活動を通して，上記
の目的を果たそうとしていることがわかる．
　子ども食堂の効果について，町田らは，実施者が評価する子ども食堂の効果
を質的に研究し，子ども食堂の効果を40のサブカテゴリーから構成される9個
のカテゴリーに分類した[6]．また，この研究では，子ども食堂には子どもに対す

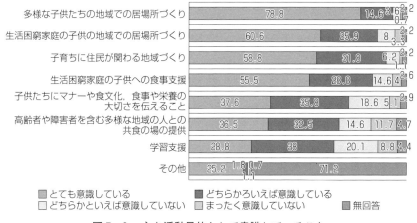

図7-3　主な活動目的として意識していること

出典）農林水産省（2018）「子供食堂と地域が連携して進める食育活動事例集」5.

る効果だけでなく，保護者さらには地域や地域住民に対する効果もあることを
示唆した．以下に，効果を挙げる．

　①　子ども・保護者の生きる力の向上

　②　子ども・保護者の気分の改善

　③　子ども・保護者・地域住民の充実感の向上

　④　子ども・保護者・地域住民の生活全般の改善

　⑤　子ども・保護者・地域住民の食生活の改善

　⑥　保護者の育児状況の改善

　⑦　子ども・保護者・地域住民のつながり促進

　⑧　子どもの防犯

　⑨　地域づくり

　ケアと関連が深い，①「子ども・保護者の生きる力の向上」と，③「子ど
も・保護者・地域住民の充実感の向上」に関して，そのコード例に注目してみ
る．「子ども・保護者の生きる力の向上」では，「子どもが人に優しくなる，子
どもに思いやりが生まれる，子どもの感性が育まれる，親子とも挨拶するよう
になる，子どもの自己肯定感が高まる，子どもに体験活動を提供する豊かにな

る，自主性の向上，社会性の向上，自己肯定感の向上，様々なことを経験する」，③「子ども・保護者・地域住民の充実感の向上」は，「参加者に楽しんでもらえる，子どもの遊び場，高齢者ボランティアスタッフの生きがい，親子がほっとできる場所，スタッフの居場所」である．

　また，実施者，つまりケアする側の「充実感の向上」を子ども食堂の効果として指摘し，以下のように記述している．

　地域／地域住民に対する効果も示唆された．たとえば，【子ども・保護者・地域住民の充実感の向上】には子どもや保護者だけでなく，地域／地域住民を対象としたサブカテゴリーが含まれた．それらは主に実施者を対象とするコードから生成された．つまり子ども食堂には，参加者だけでなく実施者の充実感を向上させる効果がある．先行研究では，ボランティア活動や自主活動への参加による実施者へのポジティブな効果が確認されている．子ども食堂の多くはボランティアを中心とした自主活動として行われており，実施者に対してもポジティブな効果があることが示唆される．

　関連して，新潟県内の子ども食堂を対象にした「子ども食堂の運営等に係るアンケート集計結果」[7]では，「子ども食堂をはじめてよかった点」として，「子どもたちや地域に関わり，力になりたい人々とのネットワークができ，小さな力でも，実際に貢献していけること」「地域のため，子育て支援のためなど無償で協力してくださる方がいらっしゃることと，そうした方と知り合うことができたこと」の回答がある．

　柏木は，「子ども食堂」を通じて醸成されつつあるつながりの意義を，困難を抱える子どもの参加促進条件として「福祉の実践知，専門知の豊かな支援者たちが，支援者間の力量形成を促しつつ子ども食堂に取り組んでいたこと」「支援者が学校や家庭とは異なる第三の場で，子どもたちがどのような声も出せる親密圏を創出しようとしていた点」「支援者の無意識・無意図的に他者を排除うる暴力性を有している文化的強者としての自覚の現れと，自分たちが創り上げた境界線や既存の価値観や力関係を自ら崩そうとする学びが見られた点」[8]の3点を挙げた．

　次節では，筆者が関わるそらいろ子ども食堂の実践から，子ども食堂におけるケアを考察する．全国に2000カ所以上ある子ども食堂のうちの1カ所，しか

も運営主体が学生であるという特異性をもった子ども食堂の実践であることに
十分留意した上での考察としたい.

第3節　「そらいろ子ども食堂」におけるケアリングの実際

　学生が運営主体である「そらいろ子ども食堂」は，2016（平成28）年10月に
誕生した．筆者は，運営スタッフである学生をサポートする立場で，その立ち
上げから関わっている．立ち上げまでの経緯，開催実績などを紹介するととも
に，ケアする側の運営スタッフである学生に視点をあて，メイヤロフによる
「私は自分自身を実現するために相手の成長をたすけようと試みるのではなく，
相手の成長をたすけること，そのことによってこそ私は自分自身を実現するの
である[9]」ことを，その実践のなかから抽出する.

●「そらいろ子ども食堂」の概要

　新潟県では，2016年1月に県内初の子ども食堂である「ふじみ子ども食堂」
が開設された．この「ふじみ子ども食堂」でボランティアを体験した新潟県立
大学，新潟青陵大学の学生が，「自分たちも子ども食堂を立ち上げたい．学生
である自分たちだからこそできる支援があるはずだ．自分たちも地域の一員で
あり，この大切な地域のつながりを強くしたい」と子ども食堂の設立を希望し
た．健康栄養学科の学生が主に調理を担当し，子ども学科，福祉心理学科（当
時）の学生が主として子どもたちへの支援に携わる役割分担のもと，そらいろ
子ども食堂が立ち上がった．図7-1の子ども食堂の類型にあてはめれば，B
型の共生型に分類されるタイプであろう.

　組織の運営や子ども食堂の開催は，「運営委員」を担う十数名の学生が中心
となるが，学生ボランティア，地域住民のボランティア，金銭や食材・調理用
具・玩具の寄付者，助成金を下さる団体等に支えられ，毎回の開催が成り立っ
ている．学生のかかわり方はマニュアル化せず，個々のかかわりを尊重する.
そのためか，参加学生は，「やらされているんじゃなくて，やりたいで動ける」
との実感を持つ.

　子どもの貧困の問題が社会的にもクローズアップされ，「子ども食堂」とい

う言葉がまだ耳に新しく，全国で立ち上がり始め時期である．そらいろ子ども食堂は，子どもの「こしょく（孤食，個食，粉食，固食）」問題への対応策として，また学生が運営するという珍しさから，その計画の段階から新聞や地元 TV に取り上げられた．

2016年10月からスタートし，当初は月 2 回実施したが，学業との両立（学生は授業のほか，保育士，幼稚園教論，看護師，管理栄養士，社会福祉士等の資格取得のため実習がある）が困難と判断し，2017年 5 月からは，月 1 回，第 1 土曜日を定例開催とした．参加費は，未就学児は無料，小学生～高校生100円，大人200円．これまでの約 2 年半で，開催回数34回，参加者は延べ2200人を越える参加（ボランティアを含む）があった．

● 参加者の声から見える「ケア」

実際にそらいろ子ども食堂に参加，関与している方々の声を，第21回日本ボランティア学習学会報告書[10]および『そらいろ通信増刊号』No. 2[11]から表 7 - 1 にまとめた．

● ケアリングが交わる場としての「そらいろ子ども食堂」

子ども食堂におけるケアリングを考えるとき，メイヤロフのこの言葉を引用したい．「ケアにおける同一性の感覚というのは差異の意識を含んでいるのであり，他者と自分たちの間の差異の意識は，両者の間の一体感を含んでいるのである．そこには，私たちを一緒に包んでくれている何ものかに，私たち双方が共にかかわっているという感覚がある[12]」という「一体となっている感情」をもつ「差異の中の同一性」である．まさに，子ども食堂は，「一緒に包んでくれている何か」であり，運営する側，参加する側，双方がその自由なありようで子ども食堂に「関わっている」のではないだろうか．

運営委員は支配的ではなく，役割は分担するがその達成の仕方は個々に任されている．「やらされる感がない」と表現していたように，子どもだけでなく，ケアをする実施者側も，自分の個性をツールとして関わることが許されている場であるといえる．

さらに，子ども食堂には，学生がケアする人や場を，さらにケアする構造が

表 7‒1　そらいろ子ども食堂の参加者，支援者の声

事　柄	それぞれの立場からの声
持続可能な要素	・学生が考えて作り上げる，**やらされている感がない**，学生主体で活動に参加できる環境が整っている（学生代表） ・**活動時間が決められていない**，調理ボランティア後，子どもたちのテーブルに入らせてくれるので，**参加した親子と当日のおかずのつくり方などの話をしながら子ども食堂にも参加できる．**（学生たちは）子どもたちにおいしいお料理を提供したいという強い「思い」がある．手間と愛情をかけて子どもたちのために食事を作ろうという姿勢はすばらしい．（地域ボランティア） ・「子どもとかかわった経験がなかったため不安だったが，**運営スタッフの学生，地域ボランティアがとてもやさしかったことで続けられている．**また，何よりも**子どもたちの笑顔が続けたいという気持ちにつながっている．**（学生運営委員）
参加者（子ども）同士のけんかへの対応	・子どもは上から言われるといや．学生スタッフは注意はするが，**子どもの気持ちに寄り添うことが大事**だと考えている．（学生代表） ・地域ボラ（ボランティア）の立場では，**叱ったこともある．**（地域ボランティア） ・学生は困りながらも対応し，授業で習ったことが生きた！と実感する場面もみかける．**多世代からの，それぞれの立場での関わりがあることが，子ども食堂の魅力**である．（学生代表）
実施側である学生の成長	・**子どもの貧困や「こしょく」に関心をもつようになった．**この活動をやっていなければ深く考えることもなかった．自分たちの活動を通して，そのことを広められるようになった．自分自身でいえば，**発表する力，仲間をまとめる力，人材の適材適所の配置ができることになったことである．**（学生代表） ・**学生から「財源確保」「人材確保」という言葉が出ることが大きな成長の証．**（子ども食堂ネットワーク事務局）
参加の感想	・いつも**おいしいごはん，楽しいゲームを考えてくれてありがとうございます**（子ども） ・**子どもたちが毎回楽しみにしています．**子どもたちももちろんですが，**私たち母親も優しい大学生さんたちに癒されています．**（参加者母 1） ・「お兄さんお姉さんたちが子どもたちとたくさん遊んでくれるので，**ママ同士のんびりできるのでとても助かっています．**（参加者母 2） ・学生さんたちがこんなにがんばっているんだから**応援したい**（地域住民）

出典）そらいろ子ども食堂（2018）『そらいろ通信』増刊号 No. 2〜2018春号〜.
　　　日本ボランティア学習学会（2018）『第21回ボランティア学習学会報告書』.

ある．おそらく運営がうまくいっている子ども食堂は，意識するか否かに関わらず「ケアする場である子ども食堂」をケアする存在があることで成立しているといえるのではないだろうか．

　このように，子ども食堂では，「ケアする―ケアされる」という関係が一通りでなく，しかも固定的ではない．同じ場に複数のケアが存在し，ケアする側

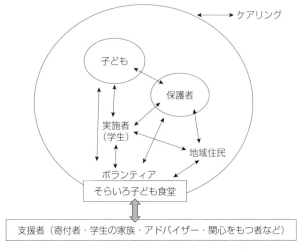

図7-4　そらいろ子ども食堂にみるケアリングの交わり

にいる人も，異なる相手に対してはケアされる人になっている．子ども食堂は，ケアする人がケアされる人になることを容易にする場であり，そこにいる人たちに，そのことを受け入れる柔軟さをもたせる場である．だから，子ども食堂には，ケアがあふれているのであろう．

おわりに

　子ども食堂におけるケアリングを，大学生が運営している「そらいろ子ども食堂」の実践から考察した．

　メイヤロフの「私は自分自身を実現するために相手の成長をたすけようと試みるのではなく，相手の成長をたすけること，そのことによってこそ私は自分自身を実現するのである[13]」のとおり，子ども食堂にはケアがあふれており，さらに「ケアする場や人をケアする」構造があった．「他の人々をケアすることを通して，他の人々に役に立つことによって，その人は自身の生の真の意味を生きているのである．……それは支配したり，説明したり，評価したりしているからでなく，かつケアされているからなのである[14]」との記述はまさにそのと

おりであると実感する.

注

1）　朝日新聞 2018年 4 月 4 日朝刊「子ども食堂2,200ヵ所超」

2）　湯浅誠（2017）『「なんとかする」子どもの貧困』KADOKAWA.

3）　同上.

4）　村井琢哉（2017）「子どもの貧困と切れ目のない子どもの育ちの環境づくり──山科醍醐こどものひろばの実践より」『発達』35(151), 42-47.

5）　農林水産省（2018）「子供食堂と地域が連携して進める食育活動事例集」5 .

6）　町田大輔・長井祐子・吉田亨（2018）「実施者が評価する子ども食堂の効果」『日本教育健康学会誌』26(3), 231-237.

7）　新潟県福祉保健部児童家庭課（2019）「子ども食堂の運営等に係るアンケート集計結果」.

8）　柏木智子（2017）「「子ども食堂」を通じて醸成されるつながりの意義と今後の課題──困難を抱える子どもの参加と促進条件に焦点をあてて」『立命館産業社会論集』53(3), 43-63.

9）　メイヤロフ, M.（1987）『ケアの本質──生きることの意味』田村真・向野宣之訳, ゆみる出版, 70.

10）　第21回日本ボランティア学習学会新潟大会〈2018年度実施報告〉第 1 分科会報告書「地域・行政・学校の連携～地域で育み, 地域に活かす～『そらいろ子ども食堂』の取り組みから」〈http://www.volunteer-learning.jp/forum/repo2018.html〉, 2019年 4 月27日.

11）　そらいろ子ども食堂（2018）『そらいろ通信』増刊号 No. 2 ～2018春号～.

12）　メイヤロフ前掲書, 186-188.

13）　同上.

14）　同上, 15-16.

学びを深めるために

佐伯胖編著（2017）『「子どもがケアする世界」をケアする──保育における「二人称的アプローチ」入門』ミネルヴァ書房.

吉田祐一郎（2016）「子ども食堂活動の意味と構成要素の検討に向けた一考察──地域における子どもを主体とした居場所づくりに向けて」『四天王寺大学紀要』62, 355-368.

厚生労働省子ども家庭局長ほか同 3 局長連名通知（2018）「子ども食堂の活動に関する連携・協力の推進及び子ども食堂の運営上留意すべき事項の周知について」（通知）平成30年 6 月28日付, 厚生労働省.

新潟県福祉保健部児童家庭課（2019）「子ども食堂の運営等に係るアンケート集計結果」.

村井琢哉（2017）「子どもの貧困と切れ目のない子どもの育ちの環境づくり──山科醍醐こどものひろばの実践より」『発達』38(151), 42-47.

柏木智子（2017）「「子ども食堂」を通じて醸成されるつながりの意義と今後の課題──困

　　難を抱える子どもの参加と促進条件に焦点をあてて」『立命館産業社会論集』53(3),
　　43-63.

町田大輔・長井祐子・吉田亨（2018）「実施者が評価する子ども食堂の効果──自由記述
　　を用いた質的研究」『日本教育健康学会誌』26(3), 231-237.

湯浅誠（2017）『「なんとかする」子どもの貧困』KADOKAWA.

中野啓明（2006）「メイヤロフとハルトのケアリング論」中野啓明・伊藤博美・立山善康
　　編著『ケアリングの現在──倫理・教育・看護・福祉の境界を越えて』晃洋書房.

医療の視点から

第8章　ターミナルケアからみたケアリング

佐々木祐子

第1節　ターミナルケアをめぐる現状

　人間は誰しもいずれ死を迎える存在である．死が非日常となった現代社会では，患者と家族がどのように「死」に向き合っていくかは大きな課題となる．人生の最後を迎えるターミナル期は，困難な出来事や家族の問題など様々なことが生じてくる．そのため，患者はそれらに向き合って次々と対処していかなければならない．病いの診断を受けてから，患者と家族は治療選択や療養場所など多くの意思決定を求められている．いのちに関わる病気になった際に，自分が望む医療やケアを前もって考え，家族や医療者と話し合う「アドバンス・ケア・プランニング」は，その名称のわかりにくさから2018年に「人生会議」という愛称がつけられた[1]．だが，普段の生活のなかで，どのような治療を受け，人生の最後を迎えたいのか，考える機会は少ない．援助者には，患者と家族の「人生の物語」に応じた最善な選択を支援していく役割がある．

　人が死を迎えるパターンには，事故などの急な死以外ではおおよそ次の3つに分類できる[2]．認知症や老衰のように身体機能は低い状態で何がしかの介護を受けながら比較的長い期間を過ごして最期を迎える場合，呼吸器などの内臓疾患で病状の悪化と回復を繰り返しながら身体機能が徐々に低下していく場合，がんのように亡くなる1カ月前ぐらいまでは自力で何とか生活できるけれども病状が急激に悪化して死を迎える場合である．ターミナルケアでは，がんに特化したものではなく，がん以外の疾患を持つ（非がん）患者と家族の治療の希望や療養場所の選択，年単位で長期にわたる介護を行う家族の負担など，援助者が目を向けるべき課題は多い．

　高齢化社会がさらに進むことで，日本の年間死者数は2025年には150万と予

測されている.日本人の約8割が病院で死亡しており,多死社会において終末
期を過ごす場所の確保が課題となっている.そのため,政策的にも地域医療の
基盤を整えて,暮らしのなかで死を迎えられることに力が注がれている.ター
ミナルケアは,本来,コミュニティのなかで多くの人々が関わりながら行われ
るべきケアである.病院死か在宅死,施設死かの選択ではなく,ホスピスの役
割の拡大やコミュニティでのホームホスピスなど,今後は地域で専門職と市民
がつながりながらターミナル期にある人を支えていくことが求められる.

　2002年に世界保健機関(WHO)は緩和ケアの対象疾患をがん以外の全ての進
行疾患を含め,「緩和ケアとは,生命を脅かすような疾患による問題に直面し
ている患者とその家族に対して,痛みやその他の身体的・心理社会的・スピリ
チュアルな問題を早期に発見し,的確なアセスメントと治療を行うことで苦痛
を予防・軽減し,生活の質を向上させるアプローチである」と定義し,ターミ
ナル期にある人の全人的苦痛をQOL(生命の質)の観点から改善することを緩
和ケアの目的とした.

　ターミナル期にある人が抱える苦しみは,様々な様相を示す.長期間の闘病
生活に耐えられなくなる,この先の見通しのなさに絶望する,自分だけがなぜ
このような状態になるのかと理不尽さを嘆く,医療者や家族に怒りをぶつけて
くる,などである.時には援助者が,ケアをまったくできていないと感じたり,
苦しみを抱える患者とのコミュニケーションを困難に感じたりすることがある.
援助者が押しつぶされそうな気持ちで向き合わざるを得ないこともあれば,心
から寄り添うことができないと感じることもある.片岡によれば,終末期がん
患者のケアリングは,患者に自己の限界や苦悩をあるがままのものとして認め
させ,全人的苦痛を緩和し,自己実現を助けるものである.

　病状の回復が望めず悪化していく状況を自身の身体で感じ取り,死を意識す
るようになった患者は,これまで意識しなかった自分のいのちの有限性を突き
付けられる.家族も含めて健康である周囲の人とは切り離され,独りだけが別
の次元に置かれたような感覚は,自己の安全を脅かしていく.生きる意味を問
いながら現実と向き合うなかで,やがて何かしらの折り合いをつけていく.こ
のプロセスにおいて,患者は新たな自己の存在意義を見出していく.苦しみを
抱える患者に何もできないと患者の語りをじっくりと聴く,何も語らずに沈黙

を続ける患者の傍に座ってその場から逃げずにいる，そのどれもが援助者とい
う存在と援助者との関係性によって患者が意味を見出すという，相互作用を呈
している．ターミナル期では，ケアされる側の死によって別れがくるが，援助
者はこれまでのケアの経験を自分の中に含有し，今までの関係性の中で成長し
ていく．こうした関係性としてのケアリングを，レイニンガー（Madeleine M.
Leininger）6)は，「人間が成長し，健康を保ち，病気を免れて生存し，あるいは死
と直面するうえで最も必要とするのはヒューマンケアリングである」と述べて
いる．

　そこで本章では，実際にターミナルケアが提供される場において，ケアリン
グがどのような様相となるのか，援助者としてどのように向き合えばいいのか
を考察する．

第2節　日常生活を支えるケアリング

● 患者の希望に沿った排泄援助

　ターミナル期になると患者は疼痛などの身体症状によって，日常生活動作の
障害がみられるようになる．それまで当たり前に行えていた身の回りのことが
できなくなる状況は単に援助を受けることではなく，精神的な苦痛が増大し，
家族や医療者など周囲との関係性にも影響を及ぼす．このような生活行動の援
助を通して見えてくるのは，患者が抱える苦痛の大きさと援助のあり方である．

事例1-1

　Kさん（40歳代，女性）は子宮がんで化学療法を受けながら自宅で療養し
ていたが，肺転移による呼吸困難と疼痛増強のためホスピスに入院した．
　腹水の貯留と下肢の浮腫による歩行困難もあって，1日8回ほどあるベッ
ド脇の簡易トイレまでの移動も看護師2人以上の介助が必要な状態であった．
移動が困難になってきたため，尿道カテーテルの留置を勧めると，「今は，
無理して動くほうが楽」と望まなかった．
　苦痛が増強してトイレまでの移動もできなくなったため，一度は尿道留置
カテーテルを挿入したが，小康状態になると患者からの希望で抜去した．

　排泄は人間にとって欠かすことのできない生命維持のための行為であり，基

本的ニーズの一つである．また，個人の尊厳に深くかかわるもので，このニーズを自力で満たせなくなることによって，身体的・精神的苦痛を抱きやすい．

事例1-2

　　簡易トイレでの排泄も看護師2人の介助では困難になったため，医療チーム内で苦痛の緩和と排泄の援助について話し合いを重ね，看護師はベッド上での排泄を勧めてみた．患者は「信頼していた看護師が私の願いを聞いてくれなかった．身体以上に精神的につらかった．私の願いは，ベッドから降りて排尿すること．2人でだめなら3人で（介助）してほしい」と怒りにも哀しみにもとれる表情で受け持ち看護師に伝えてきた．

　　「家族なんていらないと思ってきたけど，自分の事ができなくなると子どもがいればと心から思う．家族が大事だって気づくのが遅かった．生まれ変わったら家族を持ちたい．今は，誰かに手を握っていてほしい．（移動のとき）自分の弱さに気づいて涙がでる」．

　　亡くなる数日前に患者は，「おしっこの管，入れるのがいいのよね」と受け持ち看護師に聞いてきたが，患者の希望を最後まで尊重して関わった．その後，医療チーム内ではこの事例を通して，終末期にある患者の排泄の援助のあり方について話し合いをもつことで，全人的苦痛のある患者の日常生活を支えることの意味を改めて考える機会となった．

　ターミナル期は全身状態の悪化などから，動くことが困難になった時点で，援助者はこれまで多くの患者を看てきた経験から，患者の安楽を考えて尿道カテーテル留置や床上排泄をすすめることが多い．

　しかし，人は皆，最期まで排泄行為を自分の力で行いたいと望んでいる．患者は自分の身の回りのことができなくなると，自尊感情が低下し自律性に伴う苦痛を抱えていく．ターミナル期にある患者にとって，日常生活をいかに自分の望む形で過ごすことができるかは，切実な問題である．「どうせこんな状態なら早く死んだ方がましだ」と生きる希望をも喪失していくなかで，このようなスピリチュアルペインを早い段階から把握し，患者の希望を尊重したケアが求められる．ベナー（Patricia Benner）は，[7]「人間関係やつながりを通じて相手を安楽にすることとは，信頼感や面倒をみてもらっているという気持ちをもち続けられるようなやり方で相手に対応することを意味する．患者や家族とのつながりではまず，病気や障害のある体としてというよりは，人として対応した

り関わったりすることが求められる」と述べている.

　Kさんが簡易トイレでの排泄を望んでいた理由は,「私の身体から出る温か
いお小水が(簡易トイレに流れて)チロチロと出る音を聴く度に,"ああ,私は生
きている"って実感できるの」というものであった.患者にとって簡易トイレ
で排泄することは,いま(現在)生きている自己の存在を認識する行為であっ
た.患者の真のニーズを前にしたとき,援助者は患者を気づかうだけでなく,
それを理解して満たそうと反応していく.応答せざるを得ない患者の苦悩する
次元に招かれ,関係性のなかで援助者としての存在意義を見出していく.死を
前にした人にケアする人として選ばれた援助者は,患者の「生」に触れるプロ
セスを通して常に生死観を問われる.様々な苦悩を抱え,困難な現実に対処し
ていく患者がその人らしく生ききることを支えるためには,ケアリングが不可
欠である.

　家族のいないKさんにとって,ホスピスで知り合えたお茶を用意するボラ
ンティアの存在は,大きな支えになっていた.病院で最期の日々を過ごす患者
は,医療者だけでなく同室患者,売店や掃除会社の職員など多様な人々と相互
作用の関係性を持つことで,日常性の維持が可能となる.特にターミナルケア
の現場では,患者が専門職ではないボランティアに医療者には吐露しない苦悩
を語り,語ることで思いを整理していくことがある.ボランティアは「ケアさ
れる人」としてではなく,日常性を大切にしながら一人の人間として患者と向
き合い,語りを聴くことで,患者の人生の物語を完結させる手助けとなる.

　日常生活の援助は,患者の安楽を思いやる温かみのあるケアを提供できるか
らこそ,患者の精神的苦痛の緩和にもつながるものである.丹木は,「生理的[8)]
欲求や安全・安楽の欲求といったいわば下位に位置するニードへのケアは,そ
こに内在するコミュニケーションの質次第で,所属と愛の欲求,承認の欲求,
自己実現の欲求をも同時に満たすケアとなりうる,という見方です.表立った
心のケアには立ち入らず,生活の下支えと安全・安楽のみを気づかい,後は寄
り添い,見守り,待つこと,こうしたことは目に見える行為としては何もして
いないようでありながら,それが心のケアになり,上位の欲求をも満たすこと
になる事態も想像できるのです」と心のケアの可能性を述べている.

　終末期にある人は,これまで当たり前にできたことができなくなっていく小

さな喪失体験を重ねて，いずれは"自らの死"という大きな喪失を迎えていく．患者と相談しながら，その人に合わせた排泄を援助していくことで，最期までその人らしく生き抜くことを支えることにつながる．そして，患者に寄り添う援助者は患者の望みに応答し，その援助の意味を見直す作業を通して援助者もまた排泄のニードを支えることでケアされる存在となる．

● 死を意識する人への援助

　次に，援助者が患者にどのようにケアをしていけばいいのか，悩むことの多いスピリチュアルペインに関して表出した場面から考えてみたい．

> ### 事例 2 - 1
>
> 　A 氏（60歳代，男性）は消化器がんで，化学療法後に退院の予定である．
> ① 1 回目の面談
> 「趣味の詩吟で"生と死"については，他人より考えていると思っていた．死に対してガタガタしないと頭の中で思っていたけど，実際は違うね」
> 「(体調が急に悪化したとき)「俺，もうだめなのかな，怖いよ」って看護師に言っちゃった．そしたら，その 2 年目の若い看護師がずっと処置のときにいてくれて，「私だったらここに一人でいられない．A さんは，すごいですね」って言ったんだよ．一番大切なのは優しさ．意識した優しさだと敏感にわかる．看護師の言葉には力がある」と嬉しそうに語る．
> 　A 氏は急変時に傍らにいた看護師に対する強い信頼があり，病状の不安定な時期に寄り添う看護師の存在を実感していた．この出来事以降，看護師とのかかわりから癒しや気持ちの安定を図っていた．

　終末期にある患者は毎日の体調を意識し，その変化を敏感に感じとっている．そのため急激に体調が悪化することは，言わば自らの「死」に否応なく直面させる衝撃的な出来事である．この事例では，死の恐怖を抱いている患者にとって，自分を気にかけ，その場に留まり寄り添い続ける援助者の存在から，ケアされていると感じていた．目の前にいる患者の苦悩を一人の人間として理解しようと努める姿に，信頼を寄せ，ケアリングとして捉えていた．経験年数の少ない援助者であっても，自分のできる最善なケアになるように患者の反応を見ながら寄り添っていた．西田は「行為の根底に，「相手に寄り添いたい，寄り添わねばならない」という思いがあったとき，看護師は目の前の患者のためだ

けを願って自分でできる最善のケアを提供しようとする．行為につながるその
思いが患者のこころを動かすのである」と述べている．

　先が見通せないなかで死を意識して過ごす患者は，こころも身体も常に緊張
状態にある．傍に寄り添い，清拭やマッサージなど身体が心地よくなるケアを
提供していくなかで，患者から援助者として認められる感覚を持つようになる．

> **事例2-2**
>
> ② 2回目の面談
> 「こんな毎日苦しい状況，耐えないとね．今日が調子いいなんていう日は一
> 日もない．毎日がそんな繰り返し．そうするとね，何のために俺は生きてい
> るのかと思う．何のための俺なんだと（苦笑い）．ただ息をしてくれている
> だけでいいと女房は言うが，息をしているだけなら死んだ方がいい」．
> 「生きているというより絶望，挫折感．死んでしまうのだなあと思う」．

> **事例2-3**
>
> ③ 最後の面談
> 前回から半月後，起き上がることができず，苦痛な表情で話し出す．
> 「もう最悪．でもね，心と身体が分離している．（つらさの中にもすっきりとし
> た表情）身体は最悪，もう辛い．でも精神はスパッと澄み渡っている．きれ
> いにね．（手で宙に線を引く）死が全然怖くないんです．不思議ですね」．

　A氏は不安や苦悩を周囲の人間に語りながら自分の思いを整理し，その思
いと折り合いをつけることで，身体の苦しみを超えた自己を認識していった．
最後は患者自身が望む有り様を見つけ出していったが，このようなスピリチュ
アルペインをストレートに表現する患者はそう多くはない．不安や怒り，孤独
感などの精神症状として表す患者もいる．そのため，家族や援助者がすぐに気
づくとは限らず，患者の中で苦しみを貯めてしまい，QOLも著しく低下する．
死の近づきによって自身の存在意義が揺らいだ際に出てくるスピリチュアルペ
インに対して，医療職だけでなく家族や友人，ボランティアなどの援助者がど
のように支えていくのかが課題となる．

　ワトソン（Jean Watson）[10]は「ヒューマンケア／ケアリングは，看護の道徳的
な理念であると考えることができる．看護は，トランスパーソナルな人間同士
でさまざまな努力を行うのであるが，その目的は，患者が不健康・苦悩・痛

み・存在の意味を見い出せるように手を添えることによって，人間性・人の尊厳・統合性・全体を守り，高め，保持することである．また，患者が自分自身を知り，コントロールし，ケアリングができるようにし，外的な環境がどのようなものであっても内的調和を回復することで自分を癒すことができるように手助けをすることも含まれる」と述べ，スピリチュアルケアの必要性を示している．

　死を意識している患者の語る苦しみを聴く時間を援助者が持つことにより，患者が過去と現在の時間軸のなかで苦しみの意味づけを行い，自己の再構成を行っていく．スピリチュアルケアは援助者の自己洞察を深め，生死観や看取り観を育む成長にもつながる．

第3節　看取りにおける家族ケア

　終末期ケアの対象は患者と家族であるため，家族がどのような思いをもって何を望んでいるかを把握することが，終末期ケアを充実させる"鍵"となる．早い段階から援助者が患者と家族が何を大切にして，どのように過ごしたいと考えているのか，意思を確認していくことが必要になる．家族も患者を支えながら，「本当にこの治療選択が正しかったのか」と気持ちが揺れ動くことが多い．そのため，援助者が患者と家族の「物語」を丁寧に聴くことが求められる．
　ハンプ（Hampe, S. O.）は，終末期がん患者の配偶者のニードとして，患者の状態を知りたい，患者のそばにいたい，患者の役に立ちたい，医療従事者から受容と支持と慰めを得たいなど，8つのニードを明らかにしている．家族も患者のニードを満たすことができる存在としてだけでなく，家族自身も多くのニーズを持ち，ケアされる必要のある存在でもある．

事例 3

　　出産後の20代から乳がんと診断されたDさんは，化学療法の後，他県の農村部にある夫の実家に引っ越し，訪問診療を受けていた．最期まで自宅で過ごすことを希望していたが，倦怠感や呼吸困難が強くなると家族も疲労と不安が強くなり，症状緩和のためにホスピスに入院してきた．
　　症状が落ち着くと，面会の際に娘の髪の編み込みや一緒にお絵かきをする

など，家族と過ごす時間を楽しみにしていた．その一方で，母親としてできることをしたい強い思いとできない苦しさ，妻として夫の世話ができずに義父母に迷惑をかけている申し訳なさなどの思いを抱えこんでいた．夫や援助者に話せないことは，SNS で呟いたり，同じ乳がん患者に話したりしていた．

　しかし病状が悪化するにつれ，面会に来た娘と過ごす時間も短くなり，娘も母親の具合が悪いことは理解できているようだった．傾眠状態になると，大人から「眠っているから静かにしようね」と言われて，娘は常に不安そうな様子が見られていた．看護師は「今度はママの髪をきれいにするお手伝いをしてね」と，身だしなみを整えるケアを亡くなるまでに何度か一緒に行っていた．母親の傍にいて声をかけたり身体に触れたりすることを嬉しがる様子を目にして，母親の状態をどのように伝えるか悩んでいた夫も，「がんの痛みがなくなって眠っているよ」など小学生の娘にわかるような言葉で状態を伝えて，患者と約束したように，最期は娘とともに看取ることができた．

　患者の死後の身支度の際には，夫が娘とともに感謝の言葉を口にしながら顔をきれいに拭くなど，看護師とともに家族も退院の準備に参加していた．

　患者の日常生活のケアなどに参加することは，患者のために何かできたという満足感を家族にもたらす．役に立つことができたと感じることが，死別後の家族の癒しや支えになることもある．たとえ 1 泊だけの外泊や 1 時間だけの外出であっても，患者と家族にとっては "特別なイベント" であり，その希望を叶えるためには家族の協力も不可欠である．事例にあるように，身体の整容は子どもでも手伝いがしやすいものであり，ケアを受ける者とケアする者が共に満足できる状態で，ケアリングが成立している．

　臨終が近づくにつれ，患者の安楽を維持する援助だけでなく，家族の思いを尊重しながら看取りに向けての援助が必要となってくる．患者の意識状態が低下して自らの意思を表出できない状態になっても，意識がある時と同様に声をかけたり，身体に触れたりする際には痛みを感じさせないように配慮するなど，人としての尊厳が保たれるように接することが重要である．

　死別後には，悲しみのなかにある遺された家族にとって，これまで患者と家族に関わってきて，家族の悲しみを理解できる存在である援助者からの言葉や気遣う態度は家族の癒しとなり得る．喪失の場面でのケアリングについてモン

ゴメリー[12]は，「ケアリングがもっていると考えられるもう１つの効果は，喪失に伴う激しい感情や痛みを癒すことである．死や他人からの遺棄に関連して起こる喪失は，関係の断絶を伴うので，厳しい経験である．ケアリングは，深い連帯感を作りあげる．ある看護婦はこの連帯感のことを“幸せな気持ち”と表現している．この種の癒しはいろいろな形をとり，ケア提供者が家族のケアを行って，家族が患者の死を悲しめるように援助するときに起こることがよくある」と述べており，家族の援助を通して援助者も癒しを得るのである．

第４節　援助者自身に向き合う

　スピリチュアルペインや多くの問題を抱える患者への対応は，どんなに経験を積んだ援助者であっても容易いことではない．質の高いケアを提供するためには，「燃え尽き症候群」を防ぐ観点からも援助者自身が自己の限界を認識し，チームメンバーと共に最善を尽くすことが望ましい．事例のなかで取り上げたようにターミナルケアの現場では，治療主体よりも日常性を感じて過ごせるケアが基本となる．この日常性を大切にすることを援助者がどのように理解しているのかによって，ケアの質に違いが生じる．そのような日常性のなかで，患者が自己の苦悩を認識していくプロセス，死と直面していくプロセスを支えていくことがターミナルケアにおけるケアリングである．援助者が死に逝く人とその家族に寄り添う人として存在できるならば，互いのこころの揺れや苦しみを分かち合い，同じ方向を向いて共に歩むことが可能となる．

　ターミナル期にある患者の苦しみを前に，多くの援助者は無力感を抱く．よいケアを提供したい理想とそれができない現実のなかで，苦しみに応答しケアのあり方を見出すことによって，援助者としてのあり方が自己意識化されていく．

　援助者としての経験の少なさやターミナル期にある患者のケアの経験が浅くとも，患者に向き合い，言葉に表出しない苦悩までも感じとろうと傾聴する人は，やがて患者の思いが理解でき，関係性がつくられていく．メイヤロフ[13]（Milton Mayeroff）は「一人の人格をケアするとは，最も深い意味で，その人が成長すること，自己実現することをたすけることである」と述べている．個々

の患者に応じた関わり方や援助における「ケアの引き出し」を増やすことで，終末期ケアにおける無力感を乗り越え，援助者としての成長につながる．事例にあるように，患者から援助者として認められ受け入れられた経験は，援助者の自信となり，ターミナルケアの向き合い方を深く考える契機となる．その多くは実際に患者との関係性のなかから見出されることが多い．

　また，援助者自身の心身の健康，患者との別れによる喪失・悲嘆反応は見過ごされがちであるが，援助者がケアされる受け手との関係性のなかで，悲しみや苦しみを経て，援助者自身が死と向き合うことで成長していく．ターミナルケアにおけるケアリングの過程では，苦しむ存在としての患者への共感的態度，辛い状況におかれた患者の苦しみを聴くことができるコミュニケーション能力，絶えず援助者が自分に向き合うことが必要であり，その支援も重要になる．

注

1 ）　厚生労働省「「人生会議」してみませんか」〈https://www.mhlw.go.jp/stf/newpage_02783.html〉，2019年 6 月25日．
2 ）　日本医師会監修（2017）『新版がん緩和ケアガイドブック』青海社．
3 ）　内閣府　高齢社会白書〈https://www8.cao.go.jp/kourei/whitepaper/w-2018/zenbun/pdf/1s1s_01.pdf〉，2019年 6 月25日．
4 ）　WHO ホームページ〈https://www.who.int/cancer/palliative/definition/en/〉，2019年 6 月25日．
5 ）　片岡純・佐藤禮子（1999）「終末期がん患者のケアリングに関する研究」『日本がん看護学会誌』13(1)，14-24.
6 ）　レイニンガー，M.（2001）『レイニンガー看護論──文化ケアの多様性と普遍性』稲岡文明監訳，医学書院，2．
7 ）　ベナー，P.（2012）『ベナー　看護ケアの臨床知──行動しつつ考えること』第 2 版，井上智子監訳，医学書院，377.
8 ）　丹木博一（2016）『いのちの生成とケアリング──ケアのケアを考える』ナカニシヤ出版，257.
9 ）　西田絵美（2018）「看護における〈ケアリング〉の基底原理への視座──〈ケアリング〉とは何か」『日本看護倫理学会誌』10(1)，8-15.
10）　ワトソン，J.（2001）『ワトソン看護論──人間科学とヒューマンケア』稲岡文昭・稲岡光子訳，医学書院，96.
11）　ハンプ，S. O.（1977）「病院における終末期患者及び死亡患者の配偶者のニード」『看護研究』中西睦子・浅岡明子訳，10(5)，386-397.
12）　モンゴメリー，C. L.（1995）『ケアリングの理論と実践──コミュニケーションによる癒し』神郡博・濱畑章子訳，医学書院，121.

13)　メイヤロフ，M.（1987）『ケアの本質——生きることの意味』田村真・向野孝之訳，
　　ゆみる出版，13.

学びを深めるために
柏木哲夫（2006）『定本　ホスピス・緩和ケア』青海社.
佐藤泰子（2011）『苦しみと緩和の臨床人間学——聴くこと，語ることの本当の意味』晃
　　洋書房.
清水哲郎・島薗進編（2010）『ケア従事者のための死生学』ヌーヴェルヒロカワ.

第9章　グリーフケアとは何か
—ケアのタクソノミー試論

大橋容一郎

ケアの分類学（タクソノミー）に向けて

　健常な人は悲嘆（グリーフ）の情動を持つ．通常の情動に特別なケアは必要ない．ケアが必要なのは，治療を要する極端な悲嘆である．したがって「グリーフケア（悲嘆ケア）」とは，異常な心身状態への治療行為だとも言える．しかし，医療的な治療は，悲嘆の結果としての心身の異常を改善できても，悲嘆の原因は除去できない．「グリーフケア」が悲嘆の原因に触れるものなら，それは治療行為ではないとも言える．こうした二分法は心理治療などでは単純すぎるだろうが，「グリーフケア」の概念には，つねにこうしたあいまいさがつきまとう．その根本には「ケア」という概念の複層性がある．現場で同じ「ケア」という言葉を語っても，しばしば異言語間でのディスコミュニケーションが生じてしまう．それを避けつつ「グリーフケア」について語るためには，複層的なケア概念の分類学（タクソノミー）から始めねばならないだろう．

第1節　治療的ケア

　ケアは治療（キュア）とは異なるとも言われる．だが両者を統合しようとする最近の「総合医療」以前から，呼吸（気道）管理のように治療行為に準じる生命維持活動への支援技術は，「医療的ケア」と呼ばれてきた．治療的ケアとしての「医療的ケア」の現場では，数値化，量化された物理的，生理的な医療科学の言語が使われる．「医療的ケア」の対象は，物理的ないし生理的存在としての人間であり，生命維持を原理として扱われているとも言える．

　他方でしかし，「医療的ケア」の担い手となるのは医師ではなく看護師や療

法士である．治療現場での看護師は，医師による治療行為を補助して「医療的
ケア」を行う．しかし看護師にとって病室の患者は，生命維持や治療の対象と
いうだけではない．各人の尊厳や倫理性，好みや関心などに個性的な
「QOL：生（活）の質」を持つ，統合的な人格としての人間でもある．「看護ケ
ア」では近年しばしば，ハイデガーに由来する解釈学的現象学の理論が適用さ
れるが，それは物理量に量化された「医療的ケア」の場とは別に，患者との間
で，異なる来歴をもつ人間の相互理解の解釈学的な場が開示され，現象してく
るからである．後者の場では，固有なライフスタイルに基づいた，個人の生の
質が問題となる．言語になぞらえるなら，看護師は医師との間では物理的，生
理的に「量」化された言語でやりとりをするが，患者との間では，看護師自身
の個性をも含んだ，より「質」的で人格的な言語でもやりとりをする．その際
には，狭義の「医療的ケア」と異なるだけでなく，そもそも治療的ケアの範疇
にも入らない別種のケアの場が現れているのだとも言えるだろう．

　さてしかし，話をふたたび治療的ケアに戻せば，それは外科的内科的な治療
の場だけではない．人間は物理的，生理的存在だが，同時に心理的・精神科学
的な存在でもある．後者の部分に治療を要する場合には，カウンセリングや心
理セラピーなどの心理治療が行われ，それらは一般に「心理的ケア」，「メンタ
ルケア」，「心のケア」などと呼ばれている．したがって，広義の治療的ケアに
はさまざまな心理治療も含まれることになる．今日の大病院では，心理・社会
的問題を含めた臓器横断的な診療としての「総合医療」が開設されている．ま
た後述するように，末期ガンや終末期に生じる苦痛に対しては，生理的苦痛を
軽減する物理的医療に心理治療が統合された，「緩和ケア」が重視されるよう
になった．これらの医療行為に含まれている「心理的ケア」は，広い意味での
治療的ケアに含まれると言ってよいだろう．

　とはいえ「心理的ケア」は，狭義の「医療的ケア」とは異なってもいる．狭
義の「医療的ケア」は治療の補助行為だったが，「心理的ケア」は補助行為や
補助技術ではなく，むしろ情動に介入し働きかける直接的で主要な治療行為で
ある．さらに，物理的医療が人間の「身体的な生命の維持」を原理とするなら，
「心理的ケア」は人間の「精神的な生の維持」をも原理とする．身体的な生命
が保全されても精神が崩壊してしまっては，心理治療が成功したとは言いがた

い．かつてキルケゴールは「死に至る病とは絶望のことである」と語ったが，身体的な生命の維持という「見える」原理にくらべると，精神的な生の維持とは何なのか，という問いに答えるのはむずかしい．しかしともあれ「心理的ケア」はそれ自体としては，精神の衰弱や死を回避し，精神的な生の質を維持，改善させることを目的とした治療的ケアなのだと言えるだろう．

　ところで，治療的ケアは「生命や生の維持」を原理とするだけではない．厚生労働省の「健康日本21」に示されているように，それは同時に「健康の維持」をも目ざす．そこで治療的ケアは，疾患や肢体の不自由という自立のマイナスを，健常者という自立のゼロ点へ復帰させようとする．自立的に健常な生活が行えるようになれば，それ以上の治療的ケアは必要ない．そこには，疾病や障害は人間にとって特殊な事態であり，本来の人間はみなひとしく健常者であるべきだという平等の原理が前提されている．ホッブズやジョン・ロックなどによって17世紀に提唱された，「自由・平等・独立の人間」という，近代主義の普遍的な人間観がその根底にある．

　だが人格の絶対的基準だと思われてきた「自由・平等・独立の人間」のような近代主義の原理は，現代ではもはや万能の基準ではない．多様性を認める現代社会では，人間はそれぞれ異なった個性や能力をもつと見なされ，それぞれに異なる存在であることを認めた上で，はじめて人格としての平等の意味が問われる．それぞれの人間が異なる個性，異なる生活を持っている以上，幸福や悲嘆もそれぞれに異なり，その多様性をむりやり一元化して同一のものとすることはできない．情動や意志に関するそれぞれの人間の「精神的な生」についても，それを没個性的で一般的な健常性に基づけることは困難である．先の「健康日本21」でも，うたわれているのは上からの「健康」の押しつけではなく，あくまで「自らの健康観に基づく」ものとしての健康生活なのである．そのため，「心理的ケア」が人間の「精神的な生の維持」を主要な原理としつつ，それぞれの個性や能力が多様で異なることを前提した場合，治療的ケアとしての原理をどこにおくかという問題が「医療的ケア」よりも強く現れることになる．

　さらにまた「クライアント中心療法」のように，対面的なコミュニケーションに基づくことの多い「心理的ケア」では，どれほど客観性を担保しようとし

ても,「看護ケア」の場合と同様に相手との相互関係の場が開示されてしまう.
「心理的ケア」にも治療的ケアとは異なるケアの位相が含まれることになるだ
ろう. 上述してきた単純な区分では,「医療的ケア」と「心理的ケア」を基本
的に治療的ケアとし, 人間をそれぞれ物理生理的な物理科学的存在, 心理情動
的な精神科学的存在として扱うとした. だが最近の心の哲学, 身体論(ソマ
ティクス)や動作療法, 人工知能論などではこの両面を二分することに反対し,
むしろ一つの全体性の異なる位相として, 両者の相互関係性や相補性を見るべ
きだという議論が多くなってきた. ソマティック心理学やボディワークにおけ
る無意識や非意識的な心理プロセスを考慮すれば, 問題はより複雑になる. だ
が今, これらの点や, それに応じた心理療法の方法論に深入りすることは避け
たい. むしろ以下で問題としたいのは, ケアが必要となる困難が人間に生じる
とき, 対応するケアの概念や方法は, 物理的治療と心理的治療の2つの治療的
ケアだけなのか, というより大きな観点である.

第2節　助成的ケアとケアの複層性

　上述してきた治療的ケアに対して, それらとはかなり異なるケアの概念や方
法論がある. そこで使われている言語は哲学的, 倫理的, 社会的なものが多く,
医療科学による治療的ケアとは異質な言語の世界をなす. 一般に「介護ケア」
や「援助ケア」などと呼ばれるものがその代表的な種類だが, ここではより広
義の視点を取るために, 以下ではそうしたケアを, 他者を援助する助成的ケア
と呼ぶことにしたい. 助成的ケアでは, ケアはたとえば次のように定義される.
「気遣いや援助への意志, 傾向性, 感情」,「共生への意志」,「理性以前にある
べき根底としての生物的, 自然的な情愛」,「熟達した判断力, 想像力, 応答力を
判断基準として, 気持ちを差しのばすアテンション」. 中でももっともよく知
られているのが, 『ケアの本質[1]』におけるメイヤロフの,「もっとも深い意味に
おいて相手の成長と自己実現を助成すること」というケアの古典的定義だろう.
おなじメイヤロフによるケアリングの8つの方法論的要素には, 知識, リズム
の変動, 忍耐, 正直, 信頼, 謙遜, 勇気, 希望が挙げられている.
　助成的ケアのこうした諸定義からは, いくつかの共通の特徴が見てとれる.

第一に，ここでのケアは「理性以前」の感情や意志，感覚にかかわっている．また「忍耐，正直，信頼」などは，コミュニケーション成立の前提条件でもある．それらは合理的な数値測定やモデル化ができず，むしろ量的な測定に先立つ基本的な態度である．さらに，ここでのケアの展開は客観的な評価がなされにくい．相手との相互的な状況はつねに未知のものであり，事実はつねに変動し，意味は差異化しつづける．そのために客観的な基準への到達よりも，差異化する意味への対応の柔軟さと開放性が重要になるからである．

　こうした助成的ケアでは，たとえば「私（自己）」といっても，それはデカルトの「われ思う，われあり」のような揺るがない根本原理ではない．アイデンティティは孤立したものではなく，他者との共振や交差経験によってつねに見いだされ，変えられていく．「私」とは，助力を必要とするものとそれを気遣い援助するものの両者の相互関係によって，そのつど変動しながら曖昧にまとまっていくものに過ぎない．物理的に標準化できない相互性の場には一般論や原則論が成り立たず，出会われるのはつねに「特殊経験」であり，「例外としての事実」となる．そのために，助成的ケアが立脚している態度性，変動性，個別性などのなかには，実証性，法則性，普遍性などの近代合理性とは相容れない位相が含まれることになる．

　さらに今日では，対人支援の場が医療施設に限らず，在宅介護や行政支援へと拡大してきたことから，「ケアマネージャー」のような職種名が生じてきた．21世紀の日本社会において「ケア」という言葉でまず頭に浮かぶのは，「ケアマネ」や「在宅ケア」などの「社会的ケア」の概念である．社会生活を円滑に行えるための生活支援や介護は，たしかに治療的ケアではなく助成的ケアであり，「介護ケア」とも呼べるだろう．直接の介護ではないが，行政が主導している社会福祉などを含んだ「地域ケア」も，広い意味ではこの助成的ケアに入るだろう．「介護」の一律な点数化や，行政の「社会的ケア」の画一性がしばしば弊害として批判されることから見ても，これらの助成的ケアが，合理的に一般化できない，個別的で変動的な側面をもつことがわかる．

　先に「医療的ケア」にあたる看護師の「看護ケア」や，臨床心理などの「心理的ケア」には治療的ケアだけでない複層性があると述べた．その治療的ケアではない部分の多くは，ここに示した助成的ケアの部分だと言えるだろう．治

療的ケアの世界と助成的ケアの世界がそれぞれ異質な言語の世界だとするなら，看護師や心理治療者は，患者やクライアントとのかかわりのなかで，つねに両者の言語世界を生きることになり，治療的ケアと助成的ケアの異なる言語世界ないし意味世界にまたがった，高度な通訳機能が求められることになる．病院での治療と介護の連続的な作業においても，看護の資質としては，患者との相互関係の中で成立しはじめて了解されてくる個別的な価値観と，生理的センサーなどが示す医療科学の客観的指標という異質の世界観を，どのようにうまく通訳し，一つのものとして統合するかが問われることになるだろう．

　こうした総合的なケアが実際に求められている例としては，末期ガンなどの苦痛に対する「緩和ケア（palliative care）」があげられる．緩和ケアの標準治療は『WHO（世界保健機関）式がん疼痛治療法[2]』に基づいた，いくつかの項目からなる痛みのマネジメントである．その治療戦略を見ると，主として治療的ケアに属するものとしては，「診察，診断による痛みの部位や原因の客観的把握，臨床薬理学に基づいた鎮痛剤の使用」などがあり，また助成的ケアにも属するものとしては，「患者への十分な説明，患者の心理的，社会的およびスピリチュアルな側面への配慮」などがある．さらにそれらを統合する戦略としては，「担当医や看護師だけではなく，こころの専門家，薬剤師，栄養士，リハビリの専門家，ソーシャルワーカー，ボランティアなど様々な職種の人々が，チームとなって行う，チームアプローチによるマネジメント」[3]が提示される．「緩和ケア」は治療的ケアと助成的ケアの双方を含み，「身体の苦痛だけではなく，こころのつらさ，社会的な問題によるつらさなどを含めて，総合的に，患者さんやそのご家族のつらさをやわらげるサポート」[4]とされるのである．

　緩和ケアのこうした理解の背景にはWHOによる定義[5]がある．それによれば緩和ケアとは，「生命を脅かす疾患にともなう問題に直面する患者とその家族のQOL（生の質）を改善する一つのアプローチであり，痛みその他の身体的，心理社会的，スピリチュアルな問題を早期に同定し，適切な評価と治療によって，苦痛の予防と緩和を行う」ものとされ，治療的ケアとしての「苦痛の緩和」に，「QOLや社会的問題の改善」という助成的ケアを統合しようとする明確な視点が含まれる．しかし注目すべきはそれだけはない．WHOでは緩和ケアの対象となる位相として，「身体的」，「心理社会的」な位相と並んで「スピ

リチュアルな問題」もうたわれている．このスピリチュアルな問題にかかわる
ケアとは何かという点は，WHO の問題提起後に繰り返し議論されてきたが，
ケアの対象として人間にそうした位相があるのならば，スピリチュアルな位相
へのケアとしての「スピリチュアルケア」はどのような特徴を持ち，他の治療
的ケアや助成的ケアとどのような関係にあるのだろうか．

第3節　スピリチュアルケア

　前節に挙げた WHO の緩和ケアの定義は，おなじ WHO で提起された健康
の定義の新提案[6]に基づいている．そこでは，健康には「身体」，「精神」，「社
会」そして「スピリチュアル」の4領域があるとされているからである．「ス
ピリチュアル」とは直訳すれば「心（霊）的，魂的」であり，「スピリチュア
リティ」とは「心（霊）性，魂性」となろう．そうした問題を扱う「スピリ
チュアルケア」は，「心のケア」，「魂のケア」ということになる．しかしその
一方で，「スピリチュアルケア」の専門学会によれば，「スピリチュアルケア
ということばは複雑な意味概念を持ち，固定的な定義を持ち得ず，それぞれの理
論的かつ実践的場面で種々様々に変容する[7]」とされ，その概念の一義的な意味
は不明のままである．

　とはいうもののここでは少なくとも，人間には「精神性」とは異なる意味で
の「心性，魂性」の位相があることが前提され，そうした位相の存在と保全が
人間の健康に密接にかかわるとされている．先にあげた助成的ケアの定義は
「理性以前」の感情や意志，気持ちにかかわっているのだから，それを患者や
クライアントに対する「心のケア」，「魂のケア」と呼んでもよいようにも思わ
れた．しかしそれでは，WHO が精神性とスピリチュアリティを区別している
ことは理解できない．助成的ケアの「介護的ケア」による生活支援や心身介護
を除外したとき，「スピリチュアルケア」には何が残るのだろうか．

　本章では細かな議論は控えるが，中谷・島田・大東「スピリチュアリティの
概念の構造に関する研究[8]」などにも見られるように，スピリチュアリティの概
念は今日，人間存在の内在的な本質というより，むしろ「生き生きとした力動
的な生」を可能にする「生の良好さ」のように，質的な変動，QOL の改善を

表す指標的な意味へと変わってきている．そのため，スピリチュアリティは，生の質的変動によってはじめて顕在化する人間の存在仕方とも見なされる．とくに生の良好さのプラス面をスピリチュアリティの実現と見なす場合には，良好な生へ向かうことが「スピリチュアリティの覚醒」となり，自分の生が生き生きと健康的に推移しているという快適さや，現在や将来に対しての明るい希望の感覚が，内的なスピリチュアリティの顕在化としての「覚醒」を示すものと見なされる．「あらゆる領域において，それぞれの分野が持つ壁を超越するかたちで「スピリチュアルケア」を実践することこそが，スピリチュアリティの深層の意味を問う作業である」というプロセス的な説明も，特定の内在的境位ではなく，生きることが持つ質的で力動的な位相の重視を指しているのだろうと理解される．

　このような見方に立てば，「スピリチュアルケア」とは，当事者が自らの心の内から，生の質が改善され良好な状態へと向かう方向へと覚醒していくことや，その覚醒が生の良好さや明るい希望として感覚されることを支援するケアということになる．治療的ケアや助成的ケアによって身体的な快復や精神力の高まりが自覚されれば，それは自分の生が「生き生き」と展開している好ましい感覚としても感じられるだろう．しかしそれはたんなる幸福感の醸成の手助けとも異なる．「スピリチュアルケア」における「生き生き」とした感覚は，質的変動のなかでの志向性の覚醒を指標とするものであって，生存や健常性の原理に絶対的価値を置き，そこからの偏差によって評価されるようなケアの位相とは異なるものと見るべきだろう．なぜなら，もし生存や健常性に絶対的価値を置いてしまえば，死が決定的であるような終末期の患者や，心身に先天的な「欠陥」があるとされる「非健常者」にとって「スピリチュアルケア」とは，たんに表面的な気休めや気晴らしの方法に過ぎないものとなるからである．

　この点を逆に見れば，質的変動の中での志向性を指標とする「スピリチュアルケア」が成立するかどうかは，その指標ないし指標の覚醒である生の良好さや明るい希望の感覚が，「死へ向かう存在」や「健常でない状態」という，人間の不可避的な「限界状況」を，何らかの意味において突破して進んでいけるかどうかにかかっていると言えるだろう．そして人間がそれらの「限界状況」を，容易に改善できない「悲嘆」「喪失」として体験せざるをえないという自

然必然性のなかに置かれていることから，はじめて「グリーフ（悲嘆）ケア」
の根本的意義と必要性が，「スピリチュアルケア」のなかに現れてくるのである．

第4節　グリーフケアとは何か

> 「グリーフ」とは，深い悲しみ，悲嘆，苦悩を示す言葉です．……何らか
> の喪失によってグリーフを感じるのは自然なことであります．……グリー
> フケアとは，スピリチュアルの領域において，さまざまな「喪失」を体験
> し，グリーフを抱えた方々に，心を寄せて，寄り添い，ありのままに受け
> 入れて，その方々が立ち直り，自立し，成長し，そして希望を持つことが
> できるように支援することです[11]．

　本章は医療的ケアから始めて，ようやく「グリーフケア」の概念に行き着い
たことになるが，ここでの「グリーフケア」の場には，一つの根本的な特徴が
あることに注意すべきだろう．上述してきた他のケアの場では，治療における
医療科学的言語や介護における相互了解的な言語など，それぞれに特徴のある
言語や意味の場が成立していた．しかし，大きな喪失や悲嘆に際して人は言葉
を失ってしまう，あるいは既存の言葉がもはや意味を失ってしまう．東日本大
震災で家族を失った被災者が，5年後にようやく言葉を語りはじめた場に居合
わせたことがある．それは当事者にとっても周囲の者にとっても言語や情動の
雪解けであり，「スピリチュアリティの覚醒」だったが，逆に見れば，大きな
悲嘆が心の中にわだかまっている限りは，それを語れず，語り合う場や相互了
解の場さえ成立しない，という特殊な事態が生じているのである．
　そもそも当事者にとって，悲嘆の内容は思い出すのがつらいことであり，そ
のつらさを超える何らかの意味が期待できなければ，語ることはない．しかし，
語らなければその悲嘆の情動への無理な抑制が，心身を不自由な状態へとこわ
ばらせ，バランスを崩したり不調を生じさせたりする．そこで「グリーフケ
ア」では，何らかの表現の場が生じている他のケアとは異なり，当事者の自由
な表現の場を醸成すること自体が大きな目的となる．メイヤロフの示したケア
の要素でいえば，生きる場が変動することで信頼，勇気，希望などが，当事者

自身の内側から自然に生じてくるようにするケアリングが重要になるのである．そのため「グリーフケア」では，当事者の自発性としての自由を重視し，心身に負担をかけないこと，あるいはすでに不自由に凝っている心身をほぐして柔らかくすることが，基本的な方向性となる．

　寄り添うこと（ベグライテン），傾聴すること，茶話などのくつろぎのなかで情動を柔らかくすることなどが，「グリーフケア」の主要な手段となっているのは，悲嘆のこうした特性による．心理的ケアリングの方法としては，相互理解の場を醸成するためにはじめから語り合う場を設けたり，当事者の心情に積極的に共感したりすることもある．しかし「グリーフケア」で重要なのは，まず当事者が自由に自己を表現できる場が，外的にも内的にも圧迫感なしに自然に成立することである．この基本的な方向性を成立させようとして，積極的な共感の表示などの介入を行うことは，薬剤の投与などの強制的介入で苦痛を客観的に除去する処置と同様に，ときには本末転倒となり，圧迫を感じた当事者から同じ場にいることを拒否されるケースも生じてしまう．

　「グリーフケア」はこのように繊細な仕方で，言語表現以前の情動や身体にたずさわるが，悲嘆が実際に心身の不調をもたらしている場合には，修復的で治療的なケアももちろん必要となる．とはいえ，情動や身体などの表現にまで至らない言語以前の場の意味世界を，どのようにしてたとえば治療的ケアの言語のような，他の具体的な言語の場に共訳することが可能なのか．情動の理解は17世紀のデカルトの情念区分から根本的には変わっておらず，情動のアルゴリズムを解析してパラメータ化する翻訳作業は，コンピュータなどを用いてようやく始まったばかりである．身体についても同様で，21世紀になってようやく，各分野で身体論（ソマティックス）が身体言語の理解に取り組んでいる．だがハラスメント的な介入，権利の侵害，非主体性の不自由をもたらすことを回避しながら，個別に異なる不幸の事実，悲嘆で何も語らず，語れない者をどうケアして行けばいいのかという問いに対して，まだ決定的な解答はない．

　とはいえこの問いを考える際には，次のような見方が役立つかもしれない．先に述べたように，生死や喪失のような，人間にとって自然必然的で不可避の「限界状況」である悲嘆を超えて希望をもつためには，当事者のなかに自然必然性を超える何らかの価値観が生まれ，そうした価値感覚の覚醒が自覚できる

ようになる必要があるだろう．すなわち「スピリチュアルケア」が成立するか
どうかは，自然必然的な限界状況を超えて，生の良好さや明るい希望の感覚が
持てるかどうかにかかっていると言える．そして多くの諸外国において，生死
や悲嘆のような人間の自然必然性の限界状況を超えさせてくれるのは，言うま
でもなく，非自然的ないし超自然的な価値や意味への「信頼」，すなわち宗教
的・哲学的・人間的な「信仰」である．現世を超越した場に救い，安心，再会
のような「希望」を見出し，それが現世での生の良好化への「勇気」につなが
る．諸外国の病院で，医療者による治療的ケアとともに「パストラルケア」，
「グリーフケア」が行われているのは，このゆえに他ならない．

　ひるがえって現代の日本人には，宗教的信仰や超自然的理念への信頼が一般
的とは言えない．現実的な苦痛の軽減を超えた「希望」が見出せない，現世と
は別の世界性を認めることが既成「宗教」への入信としか思われない，という
点が日本における「グリーフケア」の最大の難点であろう．これを逆に見れば，
当事者の「希望」を可能にする条件は，現状の悲嘆状態が閉鎖的で膠着してい
るものではなく，その意味はつねに変動するものであり，特定の「宗教」に頼
る以前に人間が未知の世界性へと開かれていることであり，そこに良好な
QOL も期待できるということであろう．したがって，人間という存在が現実
とは別の世界の有意味性へと開かれているという，超越への「開示性」こそが，
「グリーフケア」の理念にとってもっとも根本的なものであり，具体的なケア
リングにおける原理ともなるのではないかと思われる．

注
1）　ミルトン・メイヤロフ（1971）『ケアの本質』田村真・向野宣之訳，ゆみる出版，
　　（1987），1．
2）　日本緩和医療学会（1996）『WHO（世界保健機関）式がん疼痛治療法』〈www.
　　jspm.ne.jp/files/guideline/pain_2014/02_03.pdf〉2023年4月15日．
3）　同上．
4）　静岡がんセンター〈www.scchr.jp/supportconsultation/homepage-3.html〉2023年
　　4月20日．
5）　日本ホスピス緩和ケア協会〈www.hpcj.org/what/definition.html〉2023年4月20日．
6）　日本 WHO 協会〈japan-who.or.jp/about/who-what/identification-health〉2023年4
　　月20日．
7）　日本スピリチュアルケア学会〈www.spiritualcare.jp/about/〉2023年4月20日．

8）　中谷啓子・島田涼子・大東俊一（2013）「スピリチュアリティの概念の構造に関する研究」『心身健康科学』9(1), 37-40.〈www.jstage.jst.go.jp/article/jhas/9/1/9_37/_pdf〉2023年 4 月20日.

9）　日本スピリチュアルケア学会（同上）.

10）　ヤスパース（1956）Jaspers, K., Philosopie Ⅱ, s. 203ff., 『哲学Ⅱ──実存開明』草薙正夫・信太正三訳（1997）創文社.

11）　上智大学グリーフケア研究所〈sophia-griefcare.jp/about/〉2023年 4 月20日.

学びを深めるために

健康日本21〈http://www.kenkounippon21.gr.jp〉

日本緩和医療学会〈www.jspm.ne.jp〉

上智大学グリーフケア研究所〈www.sophia.ac.jp/jpn/research/activities/kenkyukikan/griefcare/〉

高木慶子編（2013）『グリーフケア入門』勁草書房.

中谷啓子・島田涼子・大東俊一（2013）「スピリチュアリティの概念の構造に関する研究」『心身健康科学』9(1).

日本 WHO 協会〈www.japan-who.or.jp〉

日本スピリチュアルケア学会〈www.spiritualcare.jp〉

第10章　看護教育におけるケアリングの位置づけ

柄 澤 清 美

は じ め に

　ケアリングは，看護実践の中核となる概念として認識されている．したがって，看護教育はケアリングを伝え，ケアリングを体現できる人を育てるミッションを持つ．はたして，それは遂行できているのか，また，どのようにすれば実現可能なのか．

　ここでは，看護教育カリキュラムにおけるケアリングの位置づけについて，歴史的変遷をふまえつつ今日的課題について検討したい．

第1節　ケアリングをする専門職としての看護

　看護は，ホリスティックな「人」を対象として，その人の健康な生活を成立させるべく，その人の力を最大限に発揮できるように支え，よりよい未来を具体的に想定しながら援助する役割をもつ．この役割と，メイヤロフが「ケアの本質」で列挙するケアの概念が備える4つの特徴である「プロセスである」，「他者とのかかわり方（相互関係）である」，「他者と自己成長を促すものである」，「対象や場面がいかに変わろうとも共通のパターンがある」を比較してみると，前者2つにおいては完全一致している．また，「ケアは他者と自己成長を促すものである」については，他者の成長については一致し，自己の成長については，それなりに経験を積んだナースにとって当たり前のこととして実感されている．そして，「ケアは対象や場面がいかに変わろうとも共通のパターンがある」は，看護においてもケアリングは成立するが，それは看護独自のことではないと理解できる．したがって，看護はケアリングを用いる専門職の一

つであるといえる.

　看護が「プロセスである」というのは,「過去」「現在」「未来」という時間
の流れのなかで援助をしているからである. 看護は, 出会った対象の健康問
題・課題について定型的に援助を導くのではない. そのような健康問題・課題
を抱えるに至ったこれまでの病歴と生活背景・信条や環境に関心を寄せ, 問
題・課題の大きさを未来への影響を含めて予測しながら, よりよい未来に向け
て現在, 何をどう援助するのがよいかを考える. また, 自分がよかれと思った
援助が果たして対象にとって成果を生むのかを確かめつつ実践と時間を積み重
ねながら目標に近づこうとする援助であるからだ.

　「他者との相互関係である」というのは, 看護者と対象の出会いから援助に
至るプロセスには相互関係が色濃く存在するからである. 看護者は援助にあた
り対象のニーズの把握に執心し, そのために対象に関心を向け, 対象にとって
今起きていることの意味をわかろうと対象の立場に自分をおく努力をしながら
対象に近接を試みる. そして, 対象のニーズを捉えている度合いによって対象
の自己開示は促進され, 看護者にとって対象のニーズが「他人事」ではない自
らのミッションと自覚されるようになる. 看護者からのアプローチは自己開示
も含めて対象に受け取られるようになる. このような相互交流の循環がよい援
助関係においては成立する.

　「ケアは他者と自己成長を促すものである」について, 他者の成長について
は, 健康な生活を成立させるべくその人の力を最大限に発揮できるようにとい
う看護の目的そのものである. そして, その目的に到達したとき副産物的に自
己の成長も得られていることに気づく. それは, 前述した相互関係の好循環が
成立しているからであり, 看護者は援助に集中しながらも, 同時にそれまで気
づかなかったことに気づき, 自分を拡大させ, 他者によい影響を与えられる自
分に変化していくプロセスを実感する.

　このように, 看護は, 人と人との間で行われる営みである. 対象の「から
だ・こころ・人生」と交流しながら, その人なりの健康に向けて, 共にどうあ
りたいか, どうするか, 正解が一つではない問いについて模索する専門職であ
る. いつでもどの状況であっても看護実践の全てがケアリングであると言い切
ることには躊躇があるが, 人と人の看護を介した一期一会の経験の「質」を問

うところにケアリングは関与している.

第2節　日本の看護教育の歩みにおけるケアリング

　ケアリングを教えることは，よい看護実践者を育成するために重要である．しかしながら，現在の看護師養成カリキュラム内にどのように位置付けられて教育されているのかは明確ではない[1]．それには，3つの背景が関与していると思われる.

　1つは，ケアリングを看護と関係付けながら記述し定義することの困難性による．日本看護協会は「看護にかかわる主要な用語の解説」においてケアリングを，「主に看護職の行為を本質的に捉えようとするときに用いられる，看護の専門的サービスのエッセンスあるいは看護業務や看護行為の中核部分を表すもの」と説明している[2]．これは，ケアリングが看護職にとって重要視される概念になっている証明であるが，ここではケアリングを看護ケア・ケアと区別なく並列させており，概念規定は十分に吟味されていない.

　かつて，看護のメタパラダイムである4つの主要概念「人間」「環境」「健康」「看護」のうち，「看護」をケアリングと置きかえるか否かの議論があったが（1989年，ウイングスプレッド会議：米），それが否決されたのは，「ケアリングは多くの専門職の学問の一部になっており，看護学でケアリングの知識を発展させても看護学に独自なものにはなり得ない」等の意見によるものであった[3]．西田も，「看護は〈ケアリング〉をする一つの職業分野であって，『看護＝ケアリング』ではなく，看護という特殊においても〈ケアリング〉という普遍が立ち現れる[4]」と位置付けを行っている．しかし，看護という特殊領域におけるケアリングについて十分に合意できる説明はされていない.

　このように，ケアリングは看護にとって重要であるという共通認識がありながらも，ケアリングの概念や，看護におけるケアリングの様相・本質について共通見解は得られていないという見方が多い[5][6][7]．その根拠として，明確に定義しないままケアリングについて言及している論文が多いこと[8]，メイヤロフのケアリングについて検討している看護理論研究者の先行研究もケアリング論の一部分のみを取り出して検討していることが指摘されている[9].

　それは，ケアリングが複合的な概念であり，「行動・行為」であり，「心的なもの」であり「関係性」でもあって，それらが互いに連関し合って一連の実践として表出・成立するという文脈上の多様さをはらむ概念であるためと思われる．それゆえ，看護実践の中で実感するケアリングを他者に伝える枠組みを持ちがたく，その曖昧なものをどう教授するかについても未開発な現状がある．

　2つ目は，看護界と看護教育が科学的・論理的であることを追求してきた歴史の影響である．看護学は，他の学問，たとえば，医学・物理学・法学・哲学などの下位にあると見られ，とくに医学に対しては，それに従属するものという見方が強かった．この理由は，看護が日常に密着した世話の延長であり自然発生的な労働であると見なされてきたこと，また，医療において歴史的に医学の下請的位置付けがされており，加えて教育の担い手が医師であったことが影響している．遅れてきた学問である看護学は他の諸学の功績に刺激され，それを応用するという仕方で発展してきた．特に大きく影響を与えているのは自然科学である．自然科学は対象を分析し，機械的操作を繰り返すことによって測定を行い，膨大な量のデータを臨床医学及び看護の領域に提供した．まず，医学は，これによって診断・治療・予防に著しい貢献をしたが，同時に看護の領域にそれらを提供した．こうして，看護学はこれを受け入れ応用しながら知を蓄積し発展の歩みを進めてきた．

　同時に，看護的思考・判断の方法についてもシステム思考が取り入れられ，1980年頃から看護過程（看護診断）が看護の方法論として定着した．看護教育においても，それに多くの時間を費やすようになった．また，2000年頃からは，命を守ることの責務を背景に，自然科学的な技法を効果的に使って，その証拠を材料にして，目の前の患者の健康問題をより効果的に解決する技法"Evidence-Based Nursing"が重視されるようになってきた．

　これらの科学的アプローチへの憧れに近い偏重は，看護が何に注目し，どの様な問題に対し，どの様な成果を出しうるかという独自性を，そのプロセスとともに明確にした功績があった．しかし一方で，「最先端の方法とは，援助の対象を分析対象として私情を交えずに客観的に捉え，今あるデータから判断を即時的に正しく導くことである」という誤解を与えた側面もあった．ベナーらもこの時代を「科学から形而上学を一掃し，解釈に左右されないデータないし

観察命題に基づいて人間科学の分野で科学的議論を展開させた」[10]と述べ，これらが「人間が何かを大切に思うといった感情体験」[11]の排除・軽視につながったのだと指摘している．

　もちろん，看護に携わる者には，看護の対象となる「人」は，価値観，死生観といったものをそれぞれに持っているのだということを実感として認識しており，その人にとって最もよい形でケアするのが臨床実践であると理解されていたし，患者との関係性構築がケアの基盤であることも合意があったのだが，看護学の成立と看護の独自性・明確化を希求する熱意が勝り，ケアリングの「展開を内にはらみつつ人に関与するあり方」[12]についての看護学的意味の追求と教授する必要性については影を潜めてしまった感がある．

　3つ目は，看護師養成カリキュラムが持つ前提条件である．看護師国家試験受験資格を付与する学校は「保健師助産師看護師学校養成所指定規則」に定められた教育内容と単位数を遵守したカリキュラムを準備しなければならない．現在の指定規則は2008年に改正されたもので，この時の改正によって「看護の統合と実践」という分野が新設され，看護実践能力の養成が強化されている．しかし，同時期に出された厚生労働省医政局課長通知（2008年2月8日付医政看発第0208001号）「看護師教育の技術項目と卒業時の到達度」で示されたのは，「患者にとって快適な病床環境を作ることができる（単独で実施できるレベル）」のように行動化された技術の確実な習得であった．つまり，このとき強化されたのは手技的技術能力であってケアリングできる力ではなかった．また，2011年に出された「看護教育の内容と方法に関する検討会報告書」（2月28日，厚生労働省）においても，看護師に求められる実践能力の内容にケアリングは含まれていない．

　また，厚生労働省以外に，大学教育・短期大学教育に関しては文部科学省が関与している．文部科学省における看護学教育の教育内容に踏み込んだ報告書としては，2011年「大学における看護系人材養成の在り方に関する検討会最終報告」や2017年「看護学教育モデル・コア・カリキュラム〜「学士課程においてコアとなる看護実践能力」の習得を目指した学修目標〜」等があるが，ここでもケアリングという用語は含まれていない．

　看護基礎教育機関に占める大学の割合が増加している背景もあり，厚生労働

省・文部科学省ともに，教育機関独自のカリキュラムの開発を推進しているが，指定規則で定められた教育内容に必要な単位数は97単位で教育課程において高い割合を占めており，その必要条件を整えることが優先される．相対的に少ない各教育機関の裁量の中，看護系大学の理念にケアリングが掲げられることも増えているものの，実際の教育でどこまで教授されているかは不透明である．

第 3 節　看護教育カリキュラムとケアリングの教育

　前節で述べたように，ケアリングを看護との関係を明確にして教授する方法について未開発な現状がある．しかし，指定規則の教育内容として定められていなくても，その重要性を理解している教員によって教授されているはずである．その可能性について，現在，看護系大学において看護教育カリキュラムの指針となっている「看護学教育モデル・コア・カリキュラム」（文部科学省高等教育局医学教育課2017年10月報告）と，「看護学士課程教育におけるコアコンピテンシーと卒業時の到達目標」（日本看護系大学協議会2018年6月発表）の内容を吟味しながら検討してみたい．

　「看護学教育モデル・コア・カリキュラム」は，看護系の全ての大学が学士課程における看護師養成のための教育において共通して取り組むべきコアとなる内容を抽出し，各大学におけるカリキュラム作成の参考となるように学修目標を列挙したものである．A ～ G の 7 つの大項目，それに対応する107の中項目，509の具体的目標によって構成されている．ケアリングという用語は用いられておらず，関係すると思われるのは，A-4コミュニケーション能力の「人々の相互の関係を成立・発展させるために，人間性が豊かで温かく，人間に対する深い畏敬の念を持ち，お互いの言動の意味と考えを認知・共感し，多様な人々の生活・文化を尊重するために知識，技術，態度で支援に当たることを学ぶ」である．ここには具体的学修目標に「看護において，コミュニケーションが人々との相互関係に影響することを理解できる」が挙げられているが，それ以外，ケアリングを教育内容として含んでいる項目は見当たらない．

　この「看護学教育モデル・コア・カリキュラム」は，看護系人材として求められる基本的な資質・能力を網羅し，変貌する社会にも対応できるよう拡大す

る看護役割も漏らさないように意図されている．しかし，学修目標がすべからく測定できるように表現を整えられており，いわゆる行動主義に基づく構成になっているところに，ケアリングであるとか，看護観の醸成であるとか，目にみえず測定困難な学修を盛り込めない限界を感じる．

　次に，「看護学士課程教育におけるコアコンピテンシーと卒業時の到達目標」は，「大学における看護系人材養成の在り方に関する検討会最終報告（平成23年3月11日）」の「学士課程においてコアとなる看護実践能力と卒業時到達目標（5群 20の看護実践能力）」を発展的に改良し，6群25項目のコンピテンシーに改変したものである．また，教育内容のまとまりが見えるようコンピテンシーの教育内容に大項目の列を追加し，学士課程教育においてこれらのコンピテンシーをどのように積み上げていくかイメージ化するために構造化されている．ここにもケアリングという用語は用いられていない．しかし，それぞれのコンピテンシーがなぜどのように看護に必要かについて文章で説明されているために，ケアリングに通じる理念や価値観が包含されているように思われる．

　たとえば，「Ⅰ群．対象となる人を全人的に捉える基本能力」では，「看護は，あらゆる健康状態にある人間への深い共感的理解を基盤とした相互作用をとおして達成される」や，「人間は社会の中で他者との関係性を持ちながら，生活をする存在であり，年齢を重ね，心身の成長発達を遂げ，次の世代を生み出していく．所属する集団の文化の影響を深く受けて，それぞれの価値観を醸成する．文化の影響を受けて人々は健康，病気，それに伴う検査や治療等に個別の反応をすることになる．人間理解を確かなものにするためには，共感的な理解をする方法を修得するとともに幅広い人間や健康の捉え方を知り，固定した価値観に偏らないようにすることが必要となる」がある．

　「Ⅱ群．ヒューマンケアの基本に関する実践能力」では，「看護実践は，人間とその人の生活に深く関わっている．そのため，看護は，その人の背景や健康状態に関わらず，その人の尊厳と権利の擁護に基づいて行われることが重要である．また，ケア実施に際しては，対象に十分了解されることが原則となり，看護者は信頼関係を築きながら行い，そして，対象者の自立を支援する関係へと更に発展させていく必要がある」や，「他者との関係において自己を位置づけ，自己の役割を知り，ともにケアを作っていくことが求められる．このよう

なヒューマンケアは，教養教育の幅広い視野と複眼的な思考力・判断力を活用して，人間と生命，健康，生活についての深い洞察力と，さらに，専門職としての倫理に基づいて行動する姿勢を基盤として成り立っている」などがある．これらの説明には，看護対象としての「人」が持つ時間性（過去・現在・未来），対象と自己の相互関係の存在，関係の発展と自立に向けた成長，倫理観を問う内省の必要性など，ケアリングとの共通性が認められる．

　これは，コアコンピテンシーを，「単なる知識や技能だけでなく，様々な資源を活用して特定の状況の中で複雑な課題に対応できるための核となる能力」と定義し，教育において，単なる知識や技能だけでなく，様々な心理的・社会的リソースを活用して，特定の文脈の中で複雑な課題に対応することができる力をつけることを重視する考え方が根底にあるからと思われる．

　ここまでで確認できたことは，看護教育の指針として積み重ねられてきた知見のなかに，ケアリングに通じる内容が含まれていることと，行動主義を基盤としたカリキュラムとケアリングの教育は相容れないということである．

第4節　ケアリングできる人に育てる看護教育

　看護教育は専門職業人の育成でもあるので，看護においてケアリングを教えるということは，単に概念を教えることにとどまらず，ケアリングできる人に育てることまでを含む．実際の教育のなかで，どのように取り組むことができるかについて検討する．

　ケアリングは看護学概論のなかで看護の役割・機能の説明として教授されることが一般的である．しかしながら，ケアリングの学習は概念・用語の説明によって完了するものではなく，そこで出会った概念が，積み重ねられる看護の学びの中で確かな居場所をもって自分の中に取り込まれることによって少しずつ理解が深くなる種類の学びである．たとえば，看護が自立を重視するのは，助けを要しない独立独歩の人をよしとしているからではなく，持てる力を十分に発揮してセルフマネジメントできることが，その人にとっての健康であってニード充足であるからだとわかること，健康問題には個別的な事情と背景が潜在しており，個々の価値観や物語を相互交流しながらその人の世界に入り込ん

で感じ，その人に沿った方策を対象とともに未来に向けて探索していかなければ解決には向かわないこと，自分が工夫した援助が対象に受け取られ対象の健康改善に結びついたとき，なんともいえない充足感を得る体験など，それらにケアリングが関与していると気づくことができれば，ケアリングのありようと価値を同時に理解することができる．

　現在，わが国の看護教育は，行動主義一辺倒からコンピテンシーの養成に焦点を移しているところであるが，米国の看護教育では，より実践的な能力獲得を目指し，看護をコンセプトという単位で再構成し，それに基づいてカリキュラムを全面的に見直すコンセプト・ベースド・カリキュラムが取り入れられ始めている[13]．医療の発展や社会の変化に伴い学ぶべきことが増え続けているからこそ，看護が看護として成立できるために必須なコンセプトを基盤にした教育に可能性を感じる．そのとき教授すべきコンセプトの一つがケアリングであることは間違いない．

　米国において看護教育の新しいパラダイムが必要と考えたベヴィス（Bevis, E. O.）とワトソン（Watson, J.）は，看護は従来の自然科学に拠って立つのではなく，人間科学であるという前提に立って，「思いやりや温かさをもてるように倫理的・道徳的な問題にも理解を深め（中略），研究者であり臨床家でもある人材を輩出しなければならない[14]」と主張した[15]．そして，カリキュラム開発の決め手は教員の開発（Faculty Development）であり，看護教員が学生に対して教育的ケアリングができるか否かにかかっていると述べている．これは，ケアリングは人と人との関わりを通して育まれていくものであり，その経験こそが教育になると考えているからであろう．

　経験を通して学ぶという意味において，ケアリングを最も効果的に学ぶことができる機会は臨地実習である．ケアリングを伝えるためには「やり方」ではなく「あり方」に焦点を当てた教育が必要である．看護学実習では，看護対象と向き合いながら学生自分の「あり方」が対象にどのような影響を与えるかを即時的に感じ，それが次なる自分の反応を喚起するという相互関係を経験する．対象に誠実に接近すること，ホリスティックに理解すること，信頼を寄せること，ニーズを把握することと満たすこと，良心的であること，これらが全てどのようにあるかが現象として立ち現れるのが実習現場である．もちろん初学者

にとって困難な課題である．しかし，学生自身にケアをする意思があり，モデルがあり助けがあれば，徐々に学生なりのペースで体得可能である．ワトソンは，ノディングズが「ケアリングのための道徳教育」で指摘したモデリング，対話，実践，確認を基に，看護学実習におけるそれぞれについて解説している[16]．

　安酸は，実習における教授方法として「経験型実習教育[17]」を提唱し，学生は実践を通して省察（リフレクション）と判断を繰り返し，臨地における複雑な現象の中で経験したことを学習者自らが意味付けしていくという学習形態であると説明している．教員は，対話を通して学生自身が直接的経験の意味を探求し反省的経験に深化させていくプロセスに関わる．これはケアリングを取り入れた教育実践であると述べている．つまり，学生は，ケアリングを実践しつつケアリングを受けることになる．看護学生がケアリングを実践する人になるためには，彼ら自身の生活や環境の中でケアリングを体験し，その価値を納得することが有用である．

おわりに

　看護には，専門知識に基づいた批判的思考と人間性に基づいた倫理的判断が両輪のごとく必要であり，看護教育はそれら両方を伝え，バランスよく能力発揮できるように育まなければならない．そのために，看護教育カリキュラムは，行動主義から脱却し新しいパラダイムを模索する必要がある．また，看護教員が教育実践においても看護実践においてもケアリングを体現することによって，学生は，ケアリングの価値を実感したうえで，模倣を経てケアリング実践者へと成長できる．

注
１）　西田絵美（2016）「看護師育成としての〈ケアリング〉教育のあるべき姿──「看護
　　の統合と実践」を手がかりにして」『佛教大学教育学部紀要』(15)，115-125.
２）　日本看護協会「看護にかかわる　主要な用語の解説　概念的定義・歴史的変遷・社会
　　的 文 脈」〈http://www.nurse.or.jp/home/publication/pdf/2007/yougokaisetu.pdf〉
　　2019年２月24日.
３）　城ヶ端初子・大川眞紀子・井上美代江（2016）「看護理論の発展経過と現状および展
　　望」『聖泉看護学研究』５，８.

4）　西田絵美（2015）「メイヤロフのケアリング論の構造と本質」『佛教大学大学院紀要　教育学研究科篇』（43），35-51.

5）　城ヶ端初子（2007）『やさしい看護理論　ケアとケアリング――看護師をはぐくむはじめの一歩』メディカ出版，56.

6）　西田絵美（2018）「看護における〈ケアリング〉の基底原理への視座――〈ケアリング〉とは何か」『日本看護倫理学会誌』10(1)，8.

7）　筒井真優美（2011）「看護学におけるケアリングの現在――概説と展望」『看護研究』44(2)，115-128.

8）　西田（2016）前掲書，115.

9）　西田（2015）前掲書，37.

10）　Benner, P., and Wrubel, J.（1989）*The Primacy of Caring Stress and Coping in Health and Illness*, Addison-Wesley（ベナー，P.，ルーベル，J.（1999）『現象学的人間論と看護』難波卓志訳，医学書院，450）.

11）　同上.

12）　Mayeroff, M.（1971）*On Caring*, Harper&Row（メイヤロフ，M.（1987）『ケアの本質――生きることの意味』田村真・向野宣之訳，ゆみる出版，14）.

13）　岩間恵子（2018）「米国看護教育の改革――コンセプト・ベースド・カリキュラム」『看護教育』59(12)，1024-1031.

14）　Bevis, E. O., and Watson, J.（1989）*Toward a Caring Curriculum: A New Pedagogy for Nursing*, National League for Nursing（ベヴィス，E. O.，ワトソン，J.（1999）『ケアリングカリキュラム――看護教育の新しいパラダイム』安酸史子監訳，医学書院），xvii.

15）　ワトソンは，コロラド大学の看護博士課程の教育においてヒューマン・ケアリング・サイエンスの理論を基盤としたカリキュラム構築を試み，教育実践を行った．その後，さまざまな国内外の看護学士課程においても理論の導入がみられてもいる.

16）　前掲14）48-52.

17）　安酸史子（2015）『経験型実習教育――看護師をはぐくむ理論と実践』医学書院.

学びを深めるために

Fawcett, J.（1993）*Analysis and Evaluation of Nursing Theories*, F. A. DAVIS（フォーセット，J.（2008）『フォーセット看護理論の分析と評価』（新訂版）太田喜久子・筒井真優美監訳，医学書院）.

Watson, J.（2012）*Human Caring Science: A Theory of Nursing, 2nd edition*, Jones & Bartlett Learning（ワトソン，J.（2014）『ワトソン看護論――ヒューマンケアリングの科学』（第2版）稲岡文昭・稲岡光子・戸村道子訳，医学書院）.

榊原哲也（2018）『医療ケアを問いなおす――患者をトータルにみることの現象学』筑摩書房.

第Ⅱ部

人間の形相としてのケアリング

第11章　教育的関係からのケアリングの位置づけ

中 野 啓 明

第1節　ケアリングの枠組み

● ケアの図式化

　ドイツ語の Sorge の英語訳が care である．Sorge は，ハイデガー（Martin Heidegger, 1889-1976）の哲学の重要な概念の一つであり，日本語では「関心」「顧慮」と訳されている．ハイデガーの Sorge は，現象学の祖であるフッサール（Edmund Husserl, 1859-1938）の唱えた「志向性」を発展させた概念である．

　齋藤勉は，このフッサールのいう「志向性」を，「かかわり」の意識の発生として次のようにいう．

> 　わたくしたちは，常識的に，一方に主観というものがあり，他方に客観というものがあって，両方の独立的実体の「かかわり」が認識を成り立たせると考える傾向にある．
>
> 　しかし，これは現代の現象学的哲学の知見からすれば，明らかに誤りである．むしろ意識の側から対象の側への「かかわり」があって，その結果，一方に主観が，他方に客観が生起するのである．
>
> 　教材に対する児童生徒の「かかわり」があって，その児童生徒の活動の姿が見えてくるのである．この「かかわり」は志向性と呼ばれるものであり，「なにものかについての意識」と説明することができる[1]．

　以上の説明をもとに，齋藤が示している図が図11－1である．

　この図をもとに，ハイデガーのいう Sorge としての care および「共世界」「自己世界」との関係を示すならば，図11－2のように示すことができるであろう．

　図11－2の中の斜線で示したように，ケアする人とケアされる人のケアが交

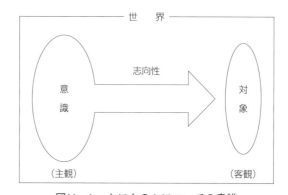

図11‐1　なにものかについての意識

出典）齋藤勉（1986）「教育的関係の在り方」堀内守編『教育哲学
の諸問題』名古屋大学出版会，237ページ．

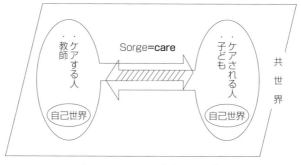

図11‐2　ハイデガーの図式

筆者作成

差していることによって，互いのケアを認識することが可能となる．そして，ケアする人とケアされる人には，それぞれの「自己世界」があり，互いに独自性を保っていることになる．

　ここで重要なことは，ケアする人とケアされる人のケアが相互に交差している部分は一部だということである．

　ケアの交差が生じなければ，互いのケアの認識は不可能となる．

　その一方で，ケアする人とケアされる人のケアの全てが一致するものではないことも了解しておく必要がある．というのも，ケアする人は，ややもすると「私がこんなにケアしているのに，なぜわかってくれないのか」という感情に

囚われてしまう場合があるかもしれないからである．

　だが，ケアする人のケアの全てをケアされる人が反応することは不可能なのである．と同時に，ケアされる人のケアにケアする人が全て反応することもまた不可能なのである．こうしたことは，教師や保育者と子どもとの間のケアを考えるならば，容易に想像できるであろう．目の前の子どもを理解しようと努めることは重要ではあるが，その子の全てを知ることはありえないからである．教師や保育者は，その子とのかかわりのなかで生じた理解をカッコに入れ，理解した内容やかかわり方を絶えず省察していくことによってこそ，その子の新たな一面を見出していくことが可能となるのである．

　齋藤が「ケアリングは，ギブ・アンド・テイク（give and take）という対称の関係ではなく，ギブ・アンド・ギブ（give and give）という非対称の関係である[2]」というように，ケアする人とケアされる人は，相互にケアしあう関係にあるといえる．ケアする人とケアされる人は，相互に「他者」として尊重する必要がある．

　ところで，メイヤロフ（Milton Mayeroff, 1925-1979）は，**図11-2**で示したハイデッガーの図式を「差異の中の同一性」と呼んで，次のようにいう．

　　ケアリングにおいて，わたしたちは相手の人を，自分とは別個の対象として経験しているのであるが，同時に，わたしたちと一体をなしているものとしても経験している．この関係は，差異の中の同一性（identity-in-difference）として記述することができる．すなわち，わたしたちは相手と一体である（同一性）と感じると同時に，相手のもつかけがえのない個性と自分自身のもつ独自性（差異）を，よりしっかりと意識するのである．……ケアリングおける同一性の感覚は，差異の意識を含んでいるのであり，他者と自分たち自身の間の差異の意識は，わたしたちの間の一体感（feeling of oneness）も含んでいるのである．そこには，わたしたちを一緒に包んでくれている何かに，わたしたちが共にかかわっているという感覚があるのである．したがって，ケアリングにおいては，差異の中の同一性の関係がその根幹をなすのであるが，わたしたちはこの事実を意識する必要はないし，通常は意識していないのである[3]．

　メイヤロフは，ケアリングの関係においては，「差異の中の同一性の関係が
その根幹をなす」としているのである．

● ノディングズにおけるケアリングの枠組み

　ノディングズ（Nel Noddings, 1929-2022）は，ハイデガーがケアを人間生活の
存在そのものであると述べているとした上で，ケアの第一次的な意味が関係的
なことにあるとして，次のようにいう．

> ケアリング関係（caring relation）は，もっとも基本的な形において，ケア
> する人（carer）と，ケアの受取人すなわちケアされる人（cared-for）という，
> 2人の人間存在間のつながり（connection），もしくは出会い（encounter）で
> ある．[4]

　ノディングズも，ケアする人とケアされる人という2人の人間存在間のつな
がりを，ケアリングの基本的な図式としているのである．
　ノディングズは，また，「ケアリング関係は，ケアする人には専心没頭
（engrossment）と動機づけ転移（motivational displacement）を要求し，ケアされる
人には応答（responsiveness）や助け合い（reciprocity）といった形を要求する」[5]
とも述べている．
　ノディングズは，ケアリングの関係を維持するために，

　　①ケアする人には，「専心没頭」と「動機づけ転移」を，
　　②ケアされる人には，「応答」と「助け合い」を，

それぞれ求めているのである．
　私は，ノディングズが，ケアされる人の「応答」の例として，「微笑み」「質
問」「努力」「協同」といった肯定的なものだけでなく，「拒絶」という否定的
なものも挙げていることを評価したい．というのも，ケアリングの関係を考え
るさい，ケアする人のケアリングをケアされる人が容認し，肯定的な「応答」
をすることのみが望ましいこととして捉えられがちだからである．
　けれども，ノディングズは，ケアされる人の「拒絶」についての記述を積極
的に行っていない．ケアされる人も，ケアする人も，共にバーンアウトに陥ら

ないためには，ケアされる人による2つの「拒絶」があることを，ケアする人が認める必要がある．

1つは，ケアされる人がケアリングの関係に入らない，すなわちケアリングが行われる場にケアされる人が入り込まないという「拒絶」を，ケアする人が認めるということである．

もう1つは，ケアリングが行われる場にケアされる人が入っていたとしても，ケアされる人がケアする人の個別・具体的なケアリングの働きかけを「拒絶」することがあり得ることを，ケアする人も認めることである．

ケアリングが行われる場にケアされる人が入り込まないという「拒絶」をケアする人が認めるということは，ケアする人にケアリングが行われる場が望ましいものであったかの省察を求めることになる．保育における「環境構成」の妥当性の検討は，この具体例として挙げることができるであろう．

また，ケアされる人がケアする人の個別・具体的なケアリングの働きかけを「拒絶」することがあり得ることを，ケアする人が認めるということは，ケアする人による個別・具体的な働きかけが望ましいものであったかの省察を求めることになる．

ケアされる人による2つの「拒絶」を認めることは，ケアされる人のバーンアウトを避けるだけでなく，ケアする人にケアリングの省察を求めるがゆえに，ケアする人のバーンアウトを避けることにもつながるのである．

ケアされる人による2つの「拒絶」を認めることは，一見すると，ケアする人とケアされる人のケアリング関係を否定するように見えるかもしれない．だが，ノディングズが記述しているのは，ケアされる人がケアする人のケアリングに対して肯定的に受け容れるような応答をする「助け合い」が行われる場合にケアリング関係が「完結」するということなのである．

ケアリング関係の評価規準をケアされる人の側においた上で，ケアされる人のより以上の成長をめざしてケアし続けること，ケアリング関係を維持し続けようとすることこそ，ケアする人には求められているのである．

第2節　役割関係としてのケアリング

● 教育的関係の二重性

　教育的ケアリング（educative caring）は，教育学的ケアリング（pedagogical caring）とケアリング教育（education of caring, caring education）とを含んでいる[6]。教育学的ケアリングを提唱したのはハルト（Richard E. Hult, Jr.）であるが，ハルトを批判することによってノディングズがケアリング教育を唱えたのである。

　教育学的ケアリングとケアリング教育の相違点は，どこにあるのであろうか。この相違点を考える場合，教育的関係の二重性を考慮する必要がある。

　齋藤勉は，教育的関係の二重性の構図を，図11-3のように示しながら，「わたくしは役割関係と人間的関係を区別したいと思う。教育的関係は，この二重性において，この両端をいったりきたりしている。そして，教育的関係の具現も，教育実践と教育行為の二重性としての教育的指導において成り立っている[7]」という。

　齋藤は，続けて次のようにいう。

　　役割関係に強く規定されている教育実践は，目的も内容も方法も規準化され，画一化されがちである。一方，人間的関係に影響される教育行為は，

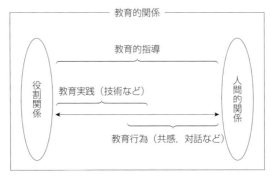

図11-3　教育的関係のシェーマ

出典）齋藤勉（1986）「教育的関係の在り方」堀内守編『教育哲学の諸問題』名古屋大学出版会，242ページ。

教師と児童生徒の相互関係が状況のなかで多種多様な姿をとってくる.

　教育的関係においては,「教育行為」の方が大部分を占めている. それにもかかわらず, 教育界におけるアカウンタビリティの要請と基準による評価の必要性から「教育実践」の結果が尊重されている[8].

教育的関係は,「役割関係」と「人間的関係」の両極から成り立っているのである.

● ハルトの教育学的ケアリング論

　教育的関係には「役割関係」と「人間的関係」という両極があることを念頭において, ハルトの教育学ケアリングをみていこう. ハルトは,「私は, ケアリングが役割関係性内（within role relationship）で行われる活動であることを示したい. そして, 教師が専門的に義務があるのはこの種のケアである[9]」という. その上で, 教育学的ケアリングが次の3つの認識水準から成り立つとしている[10].

　第1の認識水準は, 子どもの個性（individuality）を尊重するという水準である.

　第2の認識水準は, 人格（person）を持った存在として子どもを認めるという水準である.

　第3の認識は, 役割保有者（role occupant）としての水準である.

　ハルトは, 第1の認識水準の具体例として, 大学院の博士課程や特別支援教育の場を挙げている. したがって, ハルトのいう第1の認識水準は, 教育的関係の中でも「人間的関係」（ハルトのいう「密接な人的関係性（close personal relationship）」）をより強調するものである.

　一方, 第3の認識水準は, 教師―生徒関係という「役割関係性（role relationship）」のなかで行われるものであるという. したがって, 第3の認識水準は, 教育的関係のなかでも「役割関係」をより強調するものである.

　ハルトは, 3つの水準が教育学ケアリングには必要とされているけれども, 多くのティーチングの場面においては第1の認識水準での関係性を認めないし, 必要ともしていないとしている. ハルトのいう教育学的ケアリングは,「密接な人的関係性」よりも,「役割関係性」を強調したケアリングなのである.

第3節　密接な人的関係性としてのケアリング

● ノディングズのケアリング教育論

　ハルトに対してノディングズは，母親が役割でないのと同様に教師も役割で
はないとして，「出会いが頻繁に起こるような，そして他のひとの倫理的な理
想に必然的に関わるような様々な専門職においては，私は，なによりもまずケ
アする人であり，第二に専門化した特別な諸機能を果たしているのである．教
師としては，私は第一にケアする人である[11]」という．この言明は，ケアリング
教育を唱えるノディングズが，「役割関係性」を重視するハルトに対して，「密
接な人的関係性」を重視していることを示している．

　教育学ケアリングとケアリング教育の相違点は，教育学ケアリングが「役割
関係性」を強調しているのに対して，ケアリング教育では「密接な人的関係
性」を強調していることにあるのである．「役割関係性」と「密接な人的関係
性」という2つの側面から，教育学ケアリングとケアリング教育とを位置づけ
るならば，**図11‑4** のようになる．

　教育学的ケアリングは，あくまでも教師と生徒という役割関係性のなかでの
ケアリングであるがゆえに，教師による子どもへの直接的なケアリングに焦点
がある．これに対して，ケアリング教育は，密接な人的関係性に基づきながら，

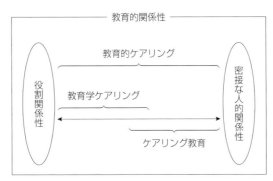

**図11‑4　教育的関係性の中での教育的ケアリング
　　　　の位置づけ**

筆者作成

ケアされる存在からケアする存在へと成長を促すがゆえに，子ども自身にケアリング能力を形成していくことに焦点があるのである．

ノディングズは，ケアリング教育の方法としてモデリング，対話，実践（practice），確証（confirmation）を提唱するとともに，ケアリング教育の領域として，ユニバーサル・カリキュラムとしてのケアリング・カリキュラムも構想している．

このケアリング・カリキュラムは，次の6つの領域からなる．

① 自己へのケアリング
② 仲間内での（身近な人々への）ケアリング
③ 見知らぬ者や遠い他者へのケアリング
④ 動物，植物，地球へのケアリング
⑤ 人工的世界（物，道具）へのケアリング
⑥ 観念へのケアリング

なお，齋藤勉は，これら6つの領域にさらに，⑦状況，場面へのケアリングを加えている[12]．

ケアリング教育では，人間と人間とのケアリングにとどまらず，動植物や事物，観念にまで拡大している点に特徴がある．なお，ケアリングが人間と人間との関係にとどまらないことは，ノディングズだけでなくメイヤロフも指摘していることでもある[13]．

教育的ケアリングは，教師と子ども，子ども相互といった人間と人間との問題に関わるだけではなく，動植物や事物，観念にまで拡大しているがゆえに，認識形成の問題にも関わってくるのである．

● 関係性の構築

ノディングズは，「あらゆる教育機関の，そして，あらゆる教育的努力の第一次的目標は，ケアリングの維持（maintenance）と向上（enhancement）[14]」でなければならないという．

これは，何を意味しているのであろうか．

学生の就職指導をしていると，「私は子どもや保護者との信頼関係を基本に

した保育を行っていきたいです」という発言に接することがよくある．

　こうした発言の趣旨はわからないでもない．しかし，赴任した直後の4月当初には「信頼関係」は生じていないはずである．とするならば，「信頼関係を基本にした保育」は行えないことになってしまう．そうではなく，「信頼関係」を築くために，どのような働き掛けを行っていくかが問われているのである．つまり，昨日よりも今日，先月よりも今月，そしてこれからに向かって，「関係」の内実としての「関係性」をどのように構築していくのかが問われることになる．

　ケアされる人のより以上の成長をめざしてケアし続けること，ケアリング関係の維持・向上を目指しながらケアされる人との「関係性」を構築していくことが，ケアする人には求められているのである．

注

1）　齋藤勉（1986）「教育的関係の在り方」堀内守編『教育哲学の諸問題』名古屋大学出版会，237.

2）　齋藤勉（2006）「学校教育におけるケアリング」中野啓明・伊藤博美・立山善康編著『ケアリングの現在──倫理・教育・看護・福祉の境界を越えて』晃洋書房，3.

3）　Mayeroff, M.（1965）"On Caring", *International Philosophical Quarterly*, Ⅴ（3），463-464.

4）　Noddings, N.（1992）*The Challenge to Care in Schools: An Alternative Approach to Education*, Teachers College Press, 15.　引用文中の傍点は，原文ではイタリック体である．

5）　Noddings, N.（1984）*Caring: A Feminine Approach to Ethics & Moral Education*, University of California Press, 150.　引用文中の傍点は，原文ではイタリック体である．

6）　本書の第1章「学校教育の場におけるケアリング」，および中野啓明（2002）『教育的ケアリングの研究』樹村房，15-17を参照.

7）　齋藤（1986），前掲書，242.

8）　同書，242.

9）　Richard E. H. Jr.（1979）"On Pedagogical Caring", *Educational Theory*, 29（3），240.

10）　Ibid., 242-243.

11）　Noddings（1984），op. cit., 176.

12）　齋藤（2006），前掲書，10.

13）　Mayeroff, M.（1971）*On Caring*, Harper & Low, 1-2.

14）　Noddings（1984）op. cit., 172.

学びを深めるために

齋藤勉（2004）『これからの教育に必要なこと――人と人との関係性』新潟日報事業社.

中野啓明（2002）『教育的ケアリングの研究』樹村房.

ノディングズ，N.（1997）『ケアリング――倫理と道徳の教育―女性の観点から』立山善
　　康他訳，晃洋書房.

ノディングズ，N.（2006）『教育の哲学――ソクラテスから〈ケアリング〉まで』宮寺晃
　　夫監訳，世界思想社.

ノディングズ，N.（2007）『学校におけるケアの挑戦――もう一つの教育を求めて』佐藤
　　学監訳，ゆみる出版.

メイヤロフ，M.（1993）『ケアの本質――生きることの意味』田村真・向野宣之訳，ゆみ
　　る出版.

> # 第12章　E. H. エリクソンの心理社会的発達理論から
> みるケアリング
>
> 佐 藤 朗 子

第1節　エリクソンによる心理社会的発達理論

　ケア／ケアリング研究は，ケア概念を初めて哲学的に考察したメイヤロフ（Mayeroff, M. 1925-1979）に端を発し，発達心理学の立場から「ケアの倫理」を提唱したギリガン（Gilligan, C. 1936-）を経て，ノディングズ（Noddings, N. 1929-）によって倫理学として体系化された．その後様々な理論的展開がなされるとともに，看護，教育，保育など多くの対人支援領域において，その実践の根幹に位置づけるべき重要概念として応用されている．

　ところでケア／ケアリング研究の文脈で引用される発達心理学者は，上述のようにまずはギリガン一択である．しかしもう一人，発達心理学の中でケア概念を主題として扱った特筆すべき研究者があると言ってよい．それがエリクソンである．本章ではエリクソンのケア概念を手がかりの一つに加えることで，我々の日常におけるケアの問題に何が見えてくるかを議論したい．

　エリクソン（E. H. Erikson, 1902-1994）はアメリカの精神分析家・臨床心理学者であり，パーソナリティの生涯発達理論で知られる．彼は人生を8段階に分け，各々の心理社会的危機と発達課題を示した．前段階での課題達成が後の発達段階の取り組みを支えてゆく構図が描かれている[1]．

　各段階の心理社会的危機／課題は，肯定的感覚と否定的感覚を対峙させる特徴的な形で記述されている．個人の中で当該の肯定的感覚と否定的感覚の両方が体験され，せめぎ合う．一定の比率で肯定的感覚が否定的感覚を上回ることによって発達課題が達成され，その結果として，その段階に特有の「強さ」を獲得するのである（この用語は当初「徳（virtue）」と命名されたが，後に「強さ（strength）」と呼び替えられた）．この「強さ」とは，人が生き生きと生きるために必要な強さ，活力であるとされる．

　以下に８段階の心理社会的危機／課題と強さを示す．関心の対象である「ケア」は，成人期に獲得される「強さ」として提示されている．

　　乳児期：「基本的信頼 対 基本的不信」，「希望（hope）」

　　幼児期前期：「自律性 対 恥と疑惑」，「意志（will）」

　　幼児期後期：「自主性 対 罪悪感」，「目的（purpose）」

　　児童期：「勤勉性 対 劣等感」，「有能さ（competence）」

　　青年期：「アイデンティティ 対 拡散」，「誠実（fidelity）」

　　成人初期：「親密性 対 孤立」，「愛（love）」

　　成人期：「ジェネラティビティ 対 停滞」，「ケア（care）」

　　高齢期：「統合 対 絶望」，「知恵（wisdom）」

　このなかでもっともよく知られるのは，青年期の課題として挙げられる「アイデンティティ 対 拡散」であろう．アイデンティティとは，「これが自分らしさである」という斉一性の感覚である．一方の拡散とは，自分らしさの実感がつかめない，自己定義が拡散している感覚である．青年はたえず両者のあいだを揺れ動き，両者のせめぎ合いを体験しながら，やがてアイデンティティの感覚が拡散の感覚を上回ることで，「誠実」という強さを得る．

　同様に成人初期の課題は「親密性 対 孤立」と表現される．親密性は，アイデンティティを確立した（または確立しつつある）者同士によって形成される対等なパートナーシップに現れる．２人のアイデンティティを損うことなく融合させ，一定の自己犠牲も受け入れながら提携関係にコミットすることである．一方の孤立とは，アイデンティティが脅かされることを恐れて関係から遠ざかったり，脆弱なアイデンティティを補完しようと自己愛的な関係を形成したりすることを指す．親密さが孤立を上回ると，「愛」という強さを得る．

　次いで成人期の課題は「ジェネラティビティ 対 停滞」である．「ジェネラティビティ（generativity）」とは，生殖性，生産性，創造性などを含む包括的な概念とされる．端的には子を産み育てるという行為のなかに実現され得るが，これにとどまらず，仕事や日常生活を通じて新しいものごとを生み出す活動の中に広く現れ得る．自分の生み出したものごとに配慮し，その行く末に深い関心を持ちながら育み，関与することを指し，広い意味では次世代や社会を育て

ることに関わる態度といえる．一方の停滞は，自己の拡大や維持にのみ没頭する，あるいは自己愛的な疑似的親密関係へ退行するなどのあり方である．ジェネラティビティが停滞に打ち勝つと，「ケア」という強さを得る．

　エリクソンによる「ジェネラティビティ」や「ケア」の概念は，メイヤロフ，ギリガン，ノディングズらのケア／ケアリング概念と多くの共通点を持つ．中でも本質的な共通点として次の2つを挙げることができるだろう．1つは，他者の成長を助けることによる自己実現，ということである．エリクソンの考えでも，弱く依存的な存在（たとえば子ども）は成人によって育てられ，心理社会的発達を遂げるが，同時に成人自身も，その依存的存在によってジェネラティビティ課題に取り組み，人として成長することができるのである．

　もう1つの共通点は，ケアの営みのなかで，他者との一体感と自他の個別性とを両立させるということである．エリクソンは，ジェネラティビティおよび親密性とアイデンティティとは密接に関係していると考えた．自分は自分であるというアイデンティティの感覚があってはじめて，他者と親密になることも，依存的な他者に配慮し，育むことも可能になる．そのどちらにおいても，関係の中で他者に同化し自分を手放すことと，自分を保ち，自分自身に配慮することとが，共に必要とされるのである．

　一方，両者が異なる点もある．もっとも大きな相違と思われるのは，ギリガンやノディングズがケアを規範概念として組み立てたのと異なり，エリクソンのいうケアは発達的な記述概念であるということだろう．成人期の課題達成により獲得される「ケア」を含めた各段階の「強さ」とは，健康で適応的なパーソナリティ発達の姿を記述しているのであり，道徳とは別のものとして定義づけられている.[2) それは健康に生き生きと生きるための活力であって，道徳的な徳目を意味してはいないのである．

第2節　子ども時代の経験とケアする能力

　さて，上述のようにエリクソンの考えでは，発達課題への取り組みはそれ以前の段階の課題達成をベースとしている．したがってジェネラティビティは，直近の発達課題である親密性やアイデンティティはもちろん，それ以前の子ど

も時代のすべての発達課題の達成を土台として達成されるものである．言い換えれば，成人期までの課題達成が十分でない場合には，ジェネラティビティへの取り組みも困難さを増すだろうと考えられるのである．

　これらの点について，心理学ではどのような知見が得られているだろうか．エリクソン理論に関する実証研究はアイデンティティをテーマとするものが最多だが，親密性やジェネラティビティに関する研究も増加している．ジェネラティビティの達成度は良好な夫婦関係や仕事の成功，その他の精神的健康の指標と関連すること[3]や，ジェネラティビティを含む発達課題の達成時期には大きな個人差があること[4]，また達成度の個人差は，乳幼児期の課題達成（基本的信頼，自律性，自主性）の程度に一定程度依存していること[5]などが示されている．ジェネラティビティの達成度によって精神的健康が支えられていることが示唆されるとともに，その個人差の大きさもまた示されているのである．

　エリクソン自身も，おとなと子どもの関係には子どもの一方的な依存による「非対称性」と「搾取可能性」が必然的に伴うと指摘し，「子どもを持つことだけでジェネラティビティを達成することはできない．実際に若い親たちの中には，この段階を発達させる能力の遅れに悩む人もいる」[6]と述べている．同様の指摘はメイヤロフらにも見られる．ケアの関係は，相手の依存を自らの必要を満たすために利用したり，逆に相手にエネルギーを取られすぎて自分のケアが疎かになったりする危険性をはらむのである．

　上記の危険性にじかに焦点をあてるのが，家族の機能不全や共依存に関する一連の議論である．親が親としての機能を果たさない機能不全家族では，子どもは自分の感情や欲求でなく親の期待や機嫌を優先するよう常に仕向けられる．自由に感じたり考えたり，それらを表現したりすることが暗黙のうちに禁じられるので，結果として感情や欲求を感じることができず，自他の境界も曖昧なまま，他者の欲求を取り入れて自分の欲求のように生きるようになる．このような人は，他者と親密になることも他者をケアすることもできない．その代替として，共依存の関係を結ぶようになるのである[7]．

　共依存関係を結ぶ人の多くは自尊感情が低く，「あなたなしで生きられない」と言われてはじめて自分の価値を感じられる．共依存とは，「人に自分を頼らせることで相手をコントロールしようとする人と，人に頼ることでその人をコ

ントロールしようとする人の間に成立する依存・被依存の嗜癖的二者関係」[8]である．社会のなかで明確に否定的評価を与えられる身体的虐待や遺棄，アルコール嗜癖や薬物嗜癖などと異なり，共依存はとらえがたく潜在的で，認知されるのが難しいという[9]．

　上述の議論は，子ども時代の健全な発達をベースとして，アイデンティティ，親密性，そしてジェネラティビティが達成されるというエリクソンの理論にも符合している．ただしエリクソンは，決して幼児期決定論を主張してはいない．むしろ，子ども時代に親から十分な愛情を受けることができなくても，その後の多様な人間関係のなかで子ども時代の発達課題の達成を補うことは可能だと述べている[10]．

　ジェネラティビティ概念を検討した研究では，ジェネラティビティを構成する7つの要素が明らかにされている[11]．この7つのなかには，「物語ること（narration）」の営みが含まれており，実際に，ジェネラティビティ達成度と生活史に関するインタビューとの関連を検討した研究から興味深い結果が示されている．ジェネラティビティ達成度の低い人たちが，過去に体験したよくない出来事を連ねて「負の連鎖」のような意味づけを語る一方で，達成度の高い人たちは，過去のよくない出来事や否定的感情がその後何らかのよい結果につながったとする意味づけを多く語ったのである[12]．自分とは何者か，自分はどう生きるのかというアイデンティティ課題は，生涯に渡り繰り返し再帰するものであることがわかっているが，ジェネラティビティ課題のなかにも，そのプロセスが組み込まれていると言える．

　先に述べた共依存であるが，ここにももちろん回復のプロセスがあり，それが定式化されている．子ども時代の経験について自分自身には一切の責任がないことと，今現在その経験に対して積極的な対処行動をとっていく責任は自分自身にあること，この2つを認めることから始まるという．自分自身の感情を丁寧に感じようとするなかで，回復が進んでいくのである．

　幼児期の体験がその後の人生にとって重大な意味をもつことはまちがいないが，そこだけを強調することは適切ではない．今，子どもたちに100％の理想的ケアを提供しなければ，その不足分を一生のつけとして子どもが抱えて生きることになってしまう．幼児期の重要性を絶対視することは，親をはじめとす

るケアの提供者たちを委縮させるばかりか，子ども時代に困難な体験をした
人々に回復力を認めない誤った考え方である．

第3節　生涯発達という語の意味するもの

　看護師やカウンセラー，ソーシャルワーカー等の対人支援の専門職者に共依
存者が少なくないという指摘がしばしば見られるが，Kitwood は認知症ケア
の理論と技法を詳述する書物のなかで，このテーマに 1 章を割いている[13]．機能
不全家族に育った人たちは，先述のように自尊感情が低く自他の心理的境界が
曖昧であり，自分自身の欲求と他者のそれを混同するため，困難を抱える人の
めんどうを見ることにのめり込む傾向があるという．これが，「人々をケアの
仕事に引きつける隠れた動機」であるという．しかし実際に仕事に就くと，自
分自身の欠乏とケアの受け手のニーズとの間の緊張に絶え間なく曝され，バー
ンアウトに至ってしまうことも多いと指摘する．

　ただし Kitwood は，これらの人たちの動機が利己的だとか，介護者として
不適格だと言っているのではない．彼らは困難な子ども時代を経験したのに破
壊的にもならず，引きこもろうともせず，むしろ他者に近づき，世の中をより
よい場所にしようと一歩を踏み出したのだと肯定的に評価する．大切なのは
「金の卵を産むガチョウを育てる」ことであり，これらの人々が子ども時代の
困難を自覚できるようになれば，自分自身に対してより寛容な態度が育まれ，
それまでの生き方は転換されて，よい仕事ができるようになるという．

　ケアの専門職者もまた発達途上であるという共通理解が必要である．もちろ
んどんなケアにも最低限の規範や倫理は必要であるし，専門職の仕事であれば，
一定の質保証は当然必要である．しかしケアを倫理の視点からだけでなく，ケ
アする人の発達の視点からみれば，理想的ケアだけを求めるのは現実的でない
ことがわかるだろう．

　論者たちが指摘するように，現代社会においてそれほど成熟しきった人ばか
りがいるのではない．不安定な社会のなか，家族関係もまた不安定になりがち
である．不安定な家族で育ったとしても，そのことを自覚しつつ自分を育みな
がら，今の自身にできる精一杯のケアを提供する．そのケアに育まれて発達課

題に取り組む子どもたちも，その後のどの段階においても，過去を補いながら
さらに成長し続けることができる．そのようなゆるやかな人間観を共有したい．

第4節　ケアされる能力の発達

　さて，ノディングズによればケアリング関係の成立には，ケアする人，され
る人の双方に条件がある．ケアされる人には「応答」という形でケアリングに
貢献することが求められる．そのことで，ケアの方向性が妥当であること，効
果的援助を与えたということがケアする人に伝わり，励みになるとともにニー
ズの見積もりを助けるという．そうだとすれば，ケアを受ける側にも，ケアリ
ング関係をよりよくするための能力の個人差と責任を考える必要があるだろう．
　村田は，ノディングズによるニーズの分類（表現されたニーズと推測されたニー
ズ）を概観しながら，「ケアされる人がニーズを表現している場合は，ケアリ
ング関係はうまくいっていることが多い」[14]と述べる．さらに「欲求を素直に表
現することを奪われてきた人には，自分の欲求を理解することさえ難しいもの
である」とも述べている．ただし，上記の共依存の回復プロセスを参照すれば，
たとえ子ども時代の体験に責任はなくともひとたび成人となれば，この点にお
いて一義的な責任を有するのはケアを受けるその人なのである．
　ソーシャルワークの実践においては，支援―被支援の関係には「協働」が含
まれると考える．「協働」とは，複数の人が目的を共有しながらその達成にむ
けて努力していくことである．たとえ障害や疾病によって自身のニーズを満た
す行動が取れなくとも，ニーズを伝えることはできる人たちがいる．同様に，
選択の理由を説明できなくとも，選択することならできる人がいる．言語で伝
えられなくとも，表情や動作で伝えることができる人もいる．支援者にそれら
の力を引き出す責任があるのは当然であるが，同時に当事者もまた，それぞれ
の個性や能力に相応の形で，それを伝える責任を担っているのである．
　支援を求める力や支援を受ける力の個人差については，社会心理学や臨床心
理学では援助希求，援助要請，被援助志向性などの用語で概念化され，早くか
ら研究対象とされてきた．助けを求める力を児童期から育む必要があるという
視点から，児童生徒を対象とした研究もさかんである．たとえば中学生を対象

に教師と友人への援助要請について検討した山中・平石によれば，「自己効力感」（自分の行動次第で望ましい結果はもたらすことができるという自信）や，「他者への信頼感」の高い生徒ほど，つらい状況での教師や友人への援助要請傾向が高いことが示されている[15]．ここでの「他者への信頼感」はエリクソンのいう乳児期の発達課題である「基本的信頼」と関連が深く，「自己効力感」は幼児期の課題である「自律性」，「自主性」と関連が深いものである．

第5節　開かれたゆるやかなケアリングのネットワークへ

　さて，ケアの与え手がジェネラティビティを達成し（または達成途上にあり），ケアの受け手もまたそれぞれの能力に相応する形でニーズを率直に表現したとして，そのことによって「よいケア」が単純に実現するだろうか．山根は，ケアを労働としてとらえてきたフェミニズムにおいて，ケアの倫理をめぐる言説は問題含みとされてきたと指摘する[16]．ケアの成功をケアの倫理に求めることで，ケアの失敗はケア提供者個人に帰属するものとみなされがちだからである．実際には，ケア提供者の個人変数や提供者と受け手の関係性だけでなく，一定の社会的サービスの存在やケア労働者の労働環境など多くの変数がケアの質に影響を与えているのである．

　こうしてみると，単独のケア提供者や他とは関わらない分断されたケアの場にだけ理想的かつ十全なケアを求めることもまた，危うさをはらむ．分断されたケアの場では，見えにくい状況のなかで，ケアする人とされる人の双方を蝕む共依存関係が進行しているかもしれない．また誰かに単独でケア提供の責任を負わせることは，その人の孤立と疲弊をうむ．

　社会の近代化のなかで家族構成や家族の機能が変化し，一時は親が子どもの養育に全責任を負うかのように強調されたことがあった．その結果として，親の孤立，過重負担，密室の育児などが問題視されるようになったが，昨今では一転して，親たちが学校に対して寄せる苦情やクレーム問題が深刻化しているとも言われる．いわゆる「モンスターペアレント」と呼ばれる親たちには，「お客様」意識，「弱者・被害者」意識，「納税者」意識，等がみられるという[17]．一連の教育改革により「商品としての教育」という意識が浸透したことも背景

にあるとされるが，そのなかでかつての親への過重負担の反動とでも言うかのように，お客様意識でケアの責任を学校にだけ負わせようとするのがモンスターペアレント現象の一要因とも考えられる．

　そのようななかで立山は，「高ケア社会」という概念を提唱している[18]．未来の理想の社会を構想するための仮称であるという高ケア社会では，構成員1人ひとりが，必要に応じて他者を適切にケアできる能力を備えている．子育てや介護などの日常のケアから災害時の支援まで，状況に応じて幅広くケアを分担し，特定の人に過度の負担をかけないよう計画されているという．ケアは専門家のものではなく，社会を構成するだれでもの行いであるという考え方である．そして，ケアする能力は適正な練習の場さえあれば，誰もがいくつになっても獲得することができるという．

　先述のように，生涯発達的な視点からは，専門職者であっても発達の途上にあり，ケアの提供者として常に成長を続けている．もちろん子を育てる親も，家庭で家族を介護する人も同様である．そしてまたケアされる側の人も，ケアリング関係に応答できるよう，自己の感情・欲求への気づき，自尊感情，自律性などを日々伸ばそうと努力することができる．人は，ある場面，ある局面においてはケアを提供し，同時に別の局面ではケアの受け手にもなる．ケアの受け手としてケアされる能力を伸ばすことも，立山のいう「ケアの拡大再生産」につながるのではないだろうか．

　また，ケアする能力の向上については，ケアそのものの練習にだけ焦点を当てるのではなく，そのベースとなる様々なパーソナリティ特性についての生涯発達的視点が有用となるだろう．自分の感情や欲求を否定せず丁寧に感じるよう努め，それに対して応答的に行動する．そのことで自尊感情やアイデンティティの向上がみられるだろう．そして仲間関係やパートナーシップを大切にし，支え合うなかで，やがてはケアする能力の向上につながっていく．

　成人がジェネラティビティ課題に取り組むことは，子どもの信頼感，自律性，自主性の発達を助けることだけを意味するのではない．自らのアイデンティティを語り直し，過去のよくない経験を補って，自分自身を育てることでもある．その自分がまた，よりよいケアによって子どもを育み，子どもたちはやがてそれを人格的な土台としてジェネラティビティ課題に取り組んでいく．ジェ

ネラティビティ課題に取り組むことによって人は,「いま―ここ」の関係だけでなく,過去をもう一度生きるとともに,自身がこの世を去った後にも継続していく未来の社会に対して働きかけ,その成長を助けようとしているのである.

注

1 ）　Erikson, E. H.（1950）*Childhood and society. Norton*（エリクソン, E. H.（1977: 1980）『幼児期と社会1, 2』仁科弥生訳, みすず書房).

2 ）　Erikson, E. H.（1964）Insight and responsibility. Norton（エリクソン, E. H.（1971）『洞察と責任――精神分析の臨床と倫理』鑪幹八郎訳, 誠信書房).

3 ）　Westermeyer, J. F.（2004）"Predictors and characteristics of Erikson's life cycle model among men: A 32-years longitudinal study". *International Journal of Aging and Human Development*, 58（1）, 29-48.

4 ）　Vaillant, G. E., and Milofsky, E.（1980）"Natural history of male psychological health: Ⅸ. Empirical evidence for Erikson's model of life cycle". *American Journal of Psychiatry*, 137, 1348-1359.

5 ）　Ibid.

6 ）　Erikson, op. cit., 267.

7 ）　斎藤学（1996）『アダルト・チルドレンと家族――心のなかの子どもを癒す』学陽書房.

8 ）　Schaef, A. W.（1987）*When society becomes an addict.* Harper Collins（シェフ, A. W.（1993）『嗜癖する社会』斎藤学監訳, 誠信書房, xi).

9 ）　Ibid.

10）　Erikson, E. H.（1959/1980）*Identity and the life cycle,* Norton（エリクソン, E. H.（2011）『アイデンティティとライフサイクル』西平直・中島由恵訳, 誠信書房).

11）　McAdams, D. P., & de St. Aubin, E.（1992）A theory of generativity and its assessment through self-report, behavioral acts, and narrative themes in autobiography. *Journal of Personality and Social Psychology,* 62（6）, 1003-1015.

12）　McAdams, D. P., Reynolds, J., Lewis, M., et al.（2001）"When bad things turn good and good things turn bad". *Personality and Social Psychology Bulletin*, 27（4）474-485.

13）　Kitwood, T.（1997）*Dementia reconsidered: The person comes first.* Open University（キットウッド, T.（2017）『認知症のパーソンセンタードケア――新しいケアの文化へ』高橋誠一訳, クリエイツかもがわ).

14）　村田美穂（2006）「ノディングズのケアリング論」中野啓明・伊藤博美・立山善康編著『ケアリングの現在――倫理・教育・看護・福祉の環境を越えて』晃洋書房, 97-98.

15）　山中大貴・平石賢二（2017）「中学生におけるいやがらせ被害時の友人と教師への援助要請方略の検討」『教育心理学研究』65（2）, 167-182.

16）　山根純佳（2005）「「ケアの倫理」と「ケア労働」――ギリガン『もう一つの声』が

語らなかったこと」『ソシオロゴス』29，1-18.

17)　広田照幸・角能（2008）「「モンスターペアレント」問題をどうみるべきか」『教育と文化』50，30-38.

18)　立山善康（2006）「高ケア社会の展望」中野啓明・伊藤博美・立山善康編著『ケアリングの現在——倫理・教育・看護・福祉の境界を越えて』晃洋書房.

学びを深めるために

Erikson, E. H.（1950）*Childhood and society*. Norton（エリクソン，E. H.（1977, 1980）『幼児期と社会 1，2』仁科弥生訳，みすず書房）.

Erikson, E. H.（1959/1980）*Identity and the life cycle*. Norton（エリクソン，E. H.（2011）『アイデンティティとライフサイクル』西平直・中島由恵訳，誠信書房）.

Erikson, E. H.（1964）*Insight and responsibility*. Norton（エリクソン，E. H.（1971）『洞察と責任——精神分析の臨床と倫理』鑪幹八郎訳，誠信書房）.

Gilligan, C.（1982）*In a different voice*. Harvard University Press（ギリガン，C.（1986）『もうひとつの声——男女の道徳観のちがいと女性のアイデンティティ』岩男寿美子監訳，川島書店）.

Kitwood, T.（1997）*Dementia reconsidered: The person comes first*. Open University（キットウッド，T.（2017）『認知症のパーソンセンタードケア——新しいケアの文化へ』高橋誠一訳，クリエイツかもがわ）.

Mayeroff, M.（1971）*On caring*. Harper & Row（メイヤロフ，M.（1987）『ケアの本質——生きることの意味』田村真・向野宣之訳，ゆみる出版）.

McAdams, D. P., & Aubin, E.（1992）A theory of generativity and its assessment through self-report, behavioral acts, and narrative themes in autobiography. *Journal of Personality and Social Psychology*, 62(6), 1003-1015.

McAdams, D. P., Reynolds, J., Lewis, M., et al.（2001）When bad things turn good and good things turn bad. *Personality and Social Psychology Bulletin*, 27(4), 474-485.

Noddings, N.（1984）*Caring*. University of California Press（ノディングズ，N.（1997）『ケアリング——倫理と道徳の教育—女性の観点から』立山善康他訳，晃洋書房）.

Schaef, A. W.（1987）*When society becomes an addict*. HarperCollins（シェフ，A. W.（1993）『嗜癖する社会』斎藤学監訳，誠信書房）.

Vaillant, G. E., & Milofsky, E.（1980）Natural history of male psychological health: Ⅸ. Empirical evidence for Erikson's model of life cycle. *American Journal of Psychiatry*, 137, 1348-1359.

Westermeyer, J. F.（2004）Predictors and characteristics of Erikson's life cycle model among men: A 32-years longitudinal study. *International Journal of Aging and Human Development*, 58(1), 29-48.

斎藤学（1996）『アダルト・チルドレンと家族——心のなかの子どもを癒す』学陽書房.

立山善康（2006）「高ケア社会の展望」中野啓明・伊藤博美・立山善康編著『ケアリングの現在——倫理・教育・看護・福祉の境界を越えて』晃洋書房.

西平直（1985）「E. H. エリクソンの virtue 概念——発達的視点と規範性の問題」『教育学研究』52（2），214-223.

広田照幸・角能（2008）「「モンスターペアレント」問題をどうみるべきか」『教育と文化』50, 30-38.

村田美穂（2006）「ノディングズのケアリング論」中野啓明・伊藤博美・立山善康編著『ケアリングの現在——倫理・教育・看護・福祉の境界を越えて』晃洋書房.

山中大貴・平石賢二（2017）「中学生におけるいやがらせ被害時の友人と教師への援助要請方略の検討」『教育心理学研究』65（2），167-182.

山根純佳（2005）「「ケアの倫理」と「ケア労働」——ギリガン『もうひとつの声』が語らなかったこと」『ソシオロゴス』29, 1-18.

第13章　人間のあり方としてのケア

新　茂之

はじめに

　本章の狙いは，ケアの倫理がなぜ倫理的な問題を一般的な見地から吟味しないのか，その理由を考えて，ケアの倫理が示す倫理的な問題の捉え方を明らかにするところにある．

　ノディングズは，主著『ケアリング』[1]の中で，ケアの倫理は，ことがらを具体的に把捉しようとするので，本章でも，ノディングズの例示に従いながら，妊娠中絶の問題を取り上げる．その検討を通して明別できるケアの考え方に準拠して，安楽死に焦点を絞る．やはり，ここでも，実際にあった安楽死事件に着眼する．その審理の中で，日本の裁判所，すなわち，名古屋高等裁判所は，人為的に死期を早めることで訪れた死がどのようなときに安楽死になるのか，その条件をはじめて明示した．名古屋高等裁判所は，この事件を安楽死の事案としては処理しなかった．それを踏まえて，本章では，その死に係わった人たちの言動をケアの倫理から解析して，ケアの倫理が強調する論点を摘出する．

第1節　倫理的な言明の一般性

　ノディングズは，妊娠中絶の問題について，次のように主張している．「ケアの倫理の導きの下で扱えば，私たちは，妊娠中絶一般が正しいことにも誤っていることにも気づきそうにはない」[2]．この言説からわかるように，ケアの倫理は，一般的な観点から妊娠中絶のよしあしを取り扱おうとはしない．たとえば，確かに，嘘は，相手の信頼を損なうから，よくはない．とはいうものの，日本語には，嘘も方便，ということわざがあるように，場合によっては，事態の収拾を図るために，嘘をつくのも必要になる．その点で，嘘は，よくないの

で，嘘を避けるべきである，とは一般には言えない．だから，逆に言えば，個別的な事例の中でようやく嘘の扱いを判断できる．ケアの倫理も，これと同じような捉え方をする．すなわち，ケアの倫理は，具体的な場面の中で妊娠中絶の是非を吟味しようとする．それゆえ，ノディングズは，妊娠中絶の課題について，「私たちは，個々の事例を探究しなければならないことになる」と述定する[3]．

　このようにして，ノディングズは，妊娠中絶の問題を考えるとき，一般的な見地でそれを処理するのではなく，まずは，みずからの課題として，それを引き受けようとする．ノディングズは，受精卵を「情報の微小片」と呼び[4]，次のように仮定する．「その微小片が私のものであり，私は，それに気づいている」[5]．とはいえ，このような想定から導き出せる結論は，ノディングズ自身の考えに留まる．端的に言えば，ノディングズは，妊娠中絶を巡って，たんにみずからの個人的な思いを吐露しているにすぎない．そのような考えは，かならずしもノディングズ以外のほかの人に通用するわけではない．すなわち，それを一般化できない．だから，ケアの倫理は，厳密な一般化の方向を辿れないのである．

　しかしながら，その一方で，たとえば，私たちは，どのような場面でもいじめをしてはいけない，という見地に立って，いじめの撲滅を強力に訴える．このときの主張は，一般的であり，もちろん，それは，個々人の感想ではないはずである．すると，次のように言えもする．すなわち，私たちが一般的に唱道する倫理的な言明は，もろもろの個別的な事例から帰結するのではなく，むしろ，それらを包括している．倫理的な言明のこのような強さからすれば，私たちは，具体的な場面から倫理的な言明を見るのではなく，倫理的な言明から具体的な場面を眺めなければならない．いじめが原因で子どもが命をみずから断つ，という事件が現実に起こっている．これを真摯に受け止めれば，私たちは，個々の事例に拘泥せず，いじめを絶対に許さないという態度で子どもたちに臨むべきではないのか．そうであるのに，なぜ，ケアの倫理は，倫理的な問題を一般的な視点から検討しないで，個々の状況に目を向けようとするのであろうか．

　嘘は，相手との関係を信頼という点で揺るがすから，私たちは，嘘を避けるべきである，と主張する．とはいうものの，上で見たように，あらゆる場面で

嘘を避けるべである，という言明は，かならずしも妥当ではない．というのも，いくつかの状況の中では，嘘をつくのも一つの方策になるかもしれないからである．だから，私たちは，次のように判断していることになる．すなわち，嘘は，だいたいのところでは人と人との係わり合いを崩しかねないから，そのかぎりでは，嘘は，よくなく，それゆえ，嘘を避けるべきである．このような言説を裏書きしているのは，経験主義的には，私たちがこれまで遭遇してきた状況から学んだ知識の集積である．嘘も方便，という発想も，さまざまな生き方から出てきた知恵である．それにもかかわらず，そのような学びは，限定的である．というのも，個々の事例をいくら積み上げたからといって，論理的には，その試みは，ほかのあらゆる状況を完璧には包摂しないからである．

　私たちが経験からものごとを知ろうとするとき，その営みは，帰納的である．帰納は，枚挙できるさまざまな事例で共通して明らかになった内容をそのほかの事例にも押し広げるときの立論である．はじめて訪れた土地でも，私たちは，これまでの経験を生かして行為する．それは，たいていうまくいく．このとき，私たちは，以前に成功を納めてきた行為のあり方をまとめて，それをいま直面している状況に当てはめようとしている．とはいえ，その試みがうまくいかないこともある．これは，帰納的な発想がいつも正しいとはかぎらない，という事実の証左である．確かに，さまざまな経験を蓄積して，嘘を避けるべきである，という行為の指針を確立できはする．とはいうものの，その過程は，帰納的であるから，それが網羅できない状況は，つねに存在する．嘘を避けるべきである，という言明には，いつも，その例外が付随してくる．私たちは，こう言わざるをえない．すなわち，嘘は，よくないかもしれないけれども，嘘をついたほうがよい場合もあるのである．

第2節　ケアの視座

　前節では，経験主義的な観点から，倫理的な言明の導出も，帰納的であることを明らかにした．その視角から，なぜ，ケアの倫理は，個々の事例に着眼するのか，その理由を指摘した．倫理的な言明の一般性をいくら力説したところで，そこには例外があるので，具体的な事案の中でしか倫理的な言明の有効性

を判断できない．倫理的な言明の一般性に関して，このような理解が成立したとしても，ケアの倫理が個々の事例に照準を定めるための根拠は，浮かび上がっていない．というのも，ケアの倫理に俟つまでもなく，私たちの探究が帰納的に進展していく以上，どのような言明も完璧な一般性を保持できないからである．だから，私たちが確立している行為の指針がほんとうに有効であるのかどうか，その意義を具体的な状況の中で実際的に確認していくほかないのである．

　しかし，それでは，ケアの倫理が持っている独自性は，どこにあるのであろうか．いじめを非難すべきである，という言明は，嘘に関する指針と同じように，その例外を認めてもよいのであろうか．私たちは，嘘も方便であると言うとき，嘘をつくことで，一時的であれ，救える人がいる，という認識を持っている．しかしながら，いじめを放置してしまえば，そのような黙認は，いじめの被害者の命を危険に曝してしまう．それゆえ，嘘とは異なり，いじめに対しては毅然とした態度で接しなければならない．いじめを許さない，という表明は，あらゆる場面で通用し十分な一般性を保有しているように思える．はたして，ケアの倫理は，いじめの問題性を一般的な見地から把握しようとするのであろうか．

　ノディングズは，次のように述べている．「ケアする人は，妊娠中絶を考察するさい，ほかのあらゆる問題と同じように，直接的な苦痛あるいは危難のなかにいる人をまずはケアする[6]」．この文言からわかるように，ケアする人は，じかに苦しんでいたり危うい状況に陥っていたりする人に注目する．ノディングズの言い回しで着目しなければならないのは，ケアの対象は，限局的ではない，という点である．いじめの問題で言えば，もちろん，身体的にも精神的にも直接に苦しんでいるのは，いじめの被害者である．そうではあるけれども，いじめの加害者も苦しみの中にいるかもしれない．このとき，いじめの加害者がほんとうに重荷を負うているのであれば，ケアする人は，進んでいじめの加害者もケアしようとする．とはいえ，ケアする人は，いじめの加害者をどのようにケアするのであろうか．

　ノディングズは，学校から怒って帰ってきた子どもにケアする人として向き合おうとする母親を，こう描写している．その子どもは，「台所に激しく入っ

てきて本を床に投げつける[7)]」．このような乱暴な振る舞いは，控えるべき行い
である．しかしながら，ノディングズの描き方からすれば，母親は，「「この家
の中ではものを投げない」という趣旨のなにかを言いたい誘惑に抵抗してい
る[8)]」．母親は，本を叩きつけるのがよくなく，それを注意すべきである，とい
うのに気づいている．それにもかかわらず，母親は，そのような倫理的な言明
の一般性に訴えて，子どもの所作を糾弾しようとはしていない．ケアの視座か
らすれば，母親にとって直接に苦しんでいるのは，学校でおそらくは嫌なこと
に遭った子どもである．その子どもをケアしようとしている母親は，家の中で
ものを投げるのは，よくないので，それを諌めるべきである，という倫理的な
言明の一般性を前面に押し出していない．なぜか．

　ノディングズの叙述によれば，母親は，「「なにがあったの」と言い[9)]」，「穏や
かに探りを入れる[10)]」．母親は，ケアする人として，一般的に主張できる倫理的
な言明をいったんは傍に置いて，子どもの想いに心を砕こうとしている．ケア
する人は，倫理的な言明の一般性を認めつつも，その限界にも注視して，ケア
される人の想いをそこに包摂させずにいる．子どもは，教師の態度が「完全に
不公平である」と母親に訴える[11)]．子どもは，教師のひいきを目の当たりにした
のであろう．しかも，それは，子どもの怒りの原因であり粗暴さの成因である．
このように，ケアする人は，倫理的な言明が忌避する行為をその言明の下には
置かずに，その行為の原因をケアされる人の想いに求めている．そのうえで，
ケアする人は，そうした想いを生起させた要因に目を向け，ケアされる人の様
子に関する心情的理解を理知的に再構成しようとしている．しかも，この企て
は，倫理的に非難されるべき行いに対する反省的な応答をケアされる人に促す．
ノディングズは，次のように語っている．「その子どもは，受け容れられ支え
られて，当の事件での自分自身の役割を吟味しはじめ，ことによると，どのよ
うに異なる方法で振る舞っていたかもしれないのか，それを示唆しさえできる
ようになる[12)]」．ケアの倫理は，倫理的な言明の一般性を根拠に人の行いを責め
るのではなく，その人に関する心情的な把握が成形する配慮を通して，その人
にみずからを省みるように促しているのである．

第3節　妊娠中絶の問題

　第2節の考察を約言すれば，こうである．ケアする人は，倫理に関する一般的な主張を念頭に置きながらも，痛みを覚えている人の心情を踏まえながら，状況の背景的捕捉を試みて，採るべき行為を模索している．同じような状況に直面したとしても，その感じ方は，人によって異なる．私たちの心情は，個別的である．しかも，ある状況がほかの状況と似ているからといって，それらは，完全に同一ではない．そこには異なる要素が様々に絡んでいる．それらを捨象して，いろいろな状況の一般的な把捉がようやく成立する．だから，どのような状況も，その詳細に関しては，個別的である．それゆえ，ケアの倫理は，心情と状況の個別的な理解に力点を置こうとするのである．

　このような立脚地からすれば，ケアする人は，なにがあろうと，いじめを断罪すべきである，という主張にはすぐに与みできない．というのも，その一般性を最初に強調してしまえば，いじめの被害者と同じように苦しんでいるかもしれないいじめの加害者をもはやケアできなくなるからである．そうであるからといって，ケアする人は，いじめの残酷さを無みしているわけではない．ケアする人の目の前には，心身ともに傷ついているいじめの被害者がいる．いじめの被害者を救うためには，いじめを止めなければならない．いじめの被害者をケアしようとしている人は，いじめを許すべきではないとも考えている．

　ケアする人は，いじめの被害者だけではなく，その加害者の抱いている想いに配慮して，前節で見たように，本を投げつけた子どもを心配している母親と同じく，なぜいじめが起こったのか，その背景の特殊性に考えを致そうとする．そうであるから，ケアする人は，いじめ一般を問題にできない．ケアする人もいじめの一般的な特性を承認してはいる．たとえば，いじめには，被害者と加害者だけでなく，観衆と傍観者も関係している．それは，いじめの問題を扱うときに参考になりもする．しかしながら，ケアの視座からすれば，具体的に生起しているいじめの処方箋は，実際にそこに巻き込まれている人々の心情を踏まえた状況の個別的な把握に依存している．第1節で確認したように，ある方策がこれまで上首尾にいじめを食い止められたからといって，それは，当の方

策がいまの状況に効果的に働くことの十全な保証にはならない．ケアする人は，具体的な照明の中でいじめの問題を捉えようとするのである．

　嘘とかいじめとかと同じように，あるいは，いっそう深刻には，妊娠中絶は，ケアする人にとって悩ましい重大な問題である．なぜなら，妊娠中絶は，生命を奪おうとする所行であるからである．確かに，この点に鑑みれば，私たちは，次のように主張できはする．すなわち，妊娠中絶は，生命を危険に曝すので，妊娠中絶を止めるべきである．とはいえ，これまでの論述の中で示してきたように，ケアする人は，その言説をはじめから唱道しない．ケアする人は，妊娠中絶に係わる人の心情に注視し，その状況の特殊な背景を勘案して，妊娠中絶をするのかしないのか，それを具体的に吟味しようとする．

　ノディングズに倣って，わが子が「妊娠し妊娠中絶を考えている」としよう．[13] その子は，「自分自身とその男性との間にある愛に確信を持てない」し，[14]「みずからの経済的な将来と情動的な将来とを哀れに心配している」．[15] その子は，妊娠を中絶しなければ生まれてくるであろう子どもの父親となる男性をこれからも愛せるのかどうか，それを不安に思っている．その子にとってケアしケアされる関係にあるはずの人との間にケアの係わり合いが根づいていない．なるほど，その子の胎内に受精卵があり，その子は，肉体的には受精卵と直接に結びついてはいる．そうではあるけれども，その子は，受精卵をケアできる位置にはいない．というのも，その子と受精卵とを連結するケアの係わり合いが成立していないからである．だから，ノディングズは，受精卵を「情報の微小片」[16] と呼び，ケアの係わり合いを超えては生命を神聖視しない．[17]

　ケアの倫理に関するかぎり，受精卵が「ケアリングの形式的な連鎖を通して愛されたほかの人びとに繋がっている」ときに，その子は，ようやく受精卵をケアできるようになる．[18] すなわち，その子が男性を愛し，そこにケアの係わり合いが生まれているときに，現実にある関係を通して，その子は，関係性の具体的な内実を伴っていないけれども，受精卵をケアできるようになる．これに対して，私たちとわが子とは，ケアの係わり合いによって結合しているので，それを足場にして，私たちは，わが子が生まれてくるまでに感じた生命の躍動を想起し，その受精卵に生命の尊厳を与えたいと思えもする．残念なことに，ノディングズの言うように，私たちは，「神ではない」．[19] わが子は，かならずし

も望んではいない妊娠に直面して，みずからの将来も案じ，直接に苦しみ，肉体的にも精神的にも危機に瀕している．私たちは，わが子の軽率な態度を責められもする．しかし，ケアの倫理からすれば，私たちがケアするのは，ケアの係わり合いを実際に付与してきたわが子であるのである．

第4節　安楽死
──ケアの実相──

上述したように，私たちは，わが子の胎内に宿っている受精卵に形式的に配慮できもする．というのも，私たちとわが子との間にはケアの係わり合いがすでに成立しており，その関係を通して，生まれてくるであろう子どもが孫になる，という結びつきの連鎖を認識できるからである．ケアの潜在的な可能性が感じられて，私たちは，その受精卵を神聖視できもしよう．私たちは，いまだ実現できていないケアの係わり合いが生み出すことになる将来のケアに身を置けるかもしれない．それにもかかわらず，みずからの将来を気づかっているわが子は，ケアの係わり合いにある人々の支えがあっても，当の受精卵をそのようには神聖視できないかもしれない．

ノディングズは，次のように明言する．すなわち，「その女性，すなわち，意識をもって苦しんでいる当人に対する，情愛の深いあらゆる注意を持って，初期の段階にある子どもは，すみやかに，かつ，慈悲深く取り除かれるべきである」[20]，と．妊娠の事実に悩んでいるわが子は，すでに成立しているケアの係わり合いの中にありながらも，そのような係わり合いに依拠して結びつきの連鎖を形式的に理解できないでいる．しかも，その子は，潜在的に存在するケアしケアされる関係の将来的な描像にも身を委ねられていない．このとき，ケアの倫理は，妊娠中絶の選択を承認するのである．

第三者が生命を人為的に奪うこととして，安楽死がある．不治の病いが襲い治療の目的が延命だけになったとき，それを回避して死期を早めるための道が安楽死である．ケアの倫理が提供する視座からすれば，安楽死の問題をどのように捕捉できるのであろうか．ケアの倫理は，倫理的な問題を個別的に審察しようとする．具体的な状況の中で，私たちは，巻き込まれている人々の想い，

状況の背景的理解，ケアの係わり合いと結びつきの連鎖，潜在的なケアしケアされる関係の将来的な描像，こうした要素を具体的に見なければならない．そこで，本章を締め括るにさいして，安楽死事件として実際に起こったできごとに注目し，ケアの倫理は，それをどのように理解しようとするのか，安楽死と関連させてケアの実相を浮かび上がらせてみたい．

　日本の安楽死事件を扱うさいに最初に挙げられるのは，1961年に東海地方で起こった事件である．名古屋高等裁判所の判決文によると，ある農家の父親が1956年10月ごろに脳溢血で倒れた[21]．一時的には，父親の状態は，小康を得たけれども，1959年10月ごろに脳溢血が再発して以降，父親は，「全身不随となり，食事はもとより，大小便の始末まですべて家人をわずらわす」ことになった[22]．1961年7月ごろからは，父親の食欲も減退し，父親は，曲がったままの上下肢を動かすと，激痛を訴えるようになった[23]．父親は，「家人の至らざるなき温い看護をうけていた[24]」けれども，身体の激烈な痛みから，「「早く死にたい」「殺してくれ」と大声で口走る[25]」ようになる．そのときには，すでに医師も父親に死期の迫ってるのを家族に告げている[26]．長男は，父親の「悶え苦しむ有様を見るにつけ，子として堪えられない気持に駆られ」，父の「願を容れ父を病苦から免れさせることこそ，父親に対する最後の孝養であると考え，その依頼に応じて同人を殺害しようと決意する[27]」に至る．1961年7月26日，長男は，早朝に配達のあった牛乳に有機燐系の殺虫剤を入れ[28]，事情を知らない母親は，父親の求めに応じて，その牛乳を与えた[29]．父親は，それを飲んでしまい，有機燐中毒によって死亡したのである[30]．

　名古屋高等裁判所の記述に従えば，この事件では，長男と父親との間には充実したケアの係わり合いがある．ケアの倫理では，直接的な苦痛と危険の中にある人こそ，ケアの対象である．ノディングズの叙述に沿って妊娠中絶の仮想的な事例で見定めたように，ケアする人は，みずからの想いも感じながら，ケアされる人の求めに応じて，ケアする人の苦しみを除去しようとする．名古屋高等裁判所の判決文にあるように，見るに忍びない苛烈にすぎる肉体的な苦しみが父親を襲っており，長男は，それに心を痛めている．だから，父親を懸命にケアしようとしている長男は，どうにかして父親をその痛みから救いたいと願う．しかし，そこには，長男の想いだけではなく，父親の求めがある．それ

は，死を切望している父親の肉声である．というのも，名古屋高等裁判所は，長男の行いの背景には父親の嘱託があったことを認めているからである．すなわち，殺してほしいという父親の発言は，父親の真摯な必要である．しかも，最初にあった脳溢血の発作からすでに5年を経過しようとしており，父親の苦しみも長きにわたっている．それに加えて，父親の余命もいくばくもない．名古屋高等裁判所の叙述からすれば，そうした状況の背景的理解が長男にもあった．このようにして，長男は，父親を殺害するに至った．ここで看過してはならないのは，父親に対する深い情愛が長男を支え続けていた，という事実である．名古屋高等裁判所は，それをはっきりと認定している．そうであるからこそ，ケアの倫理は，父親を楽にしてやるという見通しに立った長男の行いをケアする人のそれとして承認しようとするのである．

おわりに

　本章で強調してきたように，ケアの倫理は，倫理的な問題を，一般的な視点からではなく，個別的な場面の中で具体的に見極めようとする．それぞれの場面は，固有の契機を内蔵している．しかも，ケアの倫理は，その場面に巻き込まれている人々の想いと，そうした人々が築き上げようとしているケアの係わり合いとに力点を置こうとする．それらは，人と人の偶然的な出会いから始まるので，ケアの倫理からすれば，どのような倫理的な問題も一般化できない要素をつねに内含している．

　これを踏まえて，ノディングズの論考に沿いながら，妊娠の事実に悩むわが子をケアする親として妊娠中絶の問題を扱いながら，私たちは，なにに照準を定めなければならないのか，ケアの視座を析出させた．確かに，それは，一般性を具備している．しかしながら，ケアの倫理が避けようとする一般性は，個別的な事例を離れたところで用意できる方策のそれである．ケアの倫理は，倫理的な問題を検討するにあたって，そこに関与している人々の具体的な声を聞いて，その人たちの苦しみを少しでも和らげたいと考えている．ケアの倫理は，心情と状況の把握，ケアの係わり合いの実現，出会いが生むケアしケアされる関係の将来的な展開，こうした点を具体的に見て取ろうとするのである．

　このような視角から，日本で実際に起こった安楽死事件に照準を定めて，ケアの倫理がどのように働いているのか，ケアの実相を炙り出した．そこで論証しようとしたのは，こうである．すなわち，くだんの安楽死事件で中心的な位置にいた長男の行為は，ケアする人の了見と軌を一にしている．しかしながら，名古屋高等裁判所は，長男の行いを，刑法202条が定める嘱託殺人と同定して，懲役１年執行猶予３年の刑に処している[31)]．ケアの倫理は，法律に基づく判断に従属しているように見えはする．しかし，刑法202条が規定する量刑は，６カ月以上７年以下の懲役あるいは禁錮であるので，量刑の具体的な決定は，事件の性状に依存する．しかも，名古屋高等裁判所の指摘にあるように，刑の執行を猶予させる情状がこの事件にはある．言い換えれば，ケアする人としての長男の態様が刑の具体的な内容を定めている．ケアの倫理は，嘘もいじめもよくないことを知っているし，諸手を挙げて妊娠中絶に賛同しているわけではない．だから，ケアの倫理は，法律を蔑ろにしているのではない．ケアの倫理は，法律といったような一般的な原理ではけっして充足できない人間的営為の内実をケアの係わり合いから豊かにしようとしているのであり，そこに人間的営為の要諦を見ようとしているのである．あるいは，誤解を恐れずに言えば，ケアの倫理がなければ，どのような倫理的な言明も，魂の入っていない仏像でしかないのである．

注

1)　Noddings, N.(1984) *Caring: A Feminine Approach to Ethics & Moral Education*, University of California Press.

2)　Ibid., 87.

3)　Ibid.

4)　Ibid., 88.

5)　Ibid.

6)　Ibid., 89.

7)　Ibid., 59.

8)　Ibid.

9)　Ibid.

10)　Ibid.

11)　Ibid.

12)　Ibid.

13)　Ibid., 88.
14)　Ibid.
15)　Ibid.
16)　Ibid.
17)　Ibid.
18)　Ibid.
19)　Ibid.
20)　Ibid.
21)　『判例時報』第324号，判例時報社，1963年，12.
22)　同上.
23)　同上.
24)　同上.
25)　同上.
26)　同上.
27)　同上，13.
28)　同上.
29)　同上，12.
30)　同上，13.
31)　同上，12.

学びを深めるために

中野啓明・立山善康・伊藤博美編著（2006）『ケアリングの現在――倫理・教育・看護・福祉の境界を越えて』晃洋書房.

ノディングズ，N.（1997）『ケアリング：倫理と道徳の教育――女性の観点から』立山善康・林泰成・清水重樹・宮﨑宏志・新茂之訳，晃洋書房.

ノディングズ，N.（2007）『学校におけるケアの挑戦――もう一つの教育を求めて』佐藤学監訳，ゆみる出版.

メイヤロフ（1987）『ケアの本質――生きることの意味』田村真・向野宣之訳，ゆみる出版.

第14章　fidelity と対話が示すケアリングの教育的関係

伊 藤 博 美

は じ め に

　学校教育において学習者の主体性や学びに重点が移動し，教師・保育者と学ぶ者（子ども）との関係について，Bingham & Sidorkin[1] や丸山・山名[2]などにより，研究が積み重ねられている．この関係に早くから着目したものの一つが，女性の経験から見出される「ケア（care）」を適用したアメリカの教育哲学者ノディングズ（N. Noddings）の『ケアリング（*Caring*）』（原著1984）である．日本では医療や福祉だけでなく学校教育においても「ケア」は浸透したといえる．しかしそれは，スクールカウンセラーや地域人材による，特別な子どもを対象とする周縁的なものを指している[3]．他方で佐藤学の「学びの共同体」論においては，教師—子どもだけでなく子ども同士の学び合う関係の基盤にも，ノディングズの提示するケアリング関係があるとされている[4]．ノディングズ自身，Bingham & Sidorkin[5] の序文を執筆し，また2012年には教授（teaching）におけるケアリング関係について論じ，2013年に『ケアリング』の副題を the feminine approach から the relational approach へと改めている．教師・保育者と子どもの関係を重視する動きに伴い，改めてノディングズのケアリング関係を検討する研究が積み重ねられている．

　たとえば田代[6]は，ケアする人がケアされる人を容易に理解し，ケアされる人を「呑み込む」リスクがあると指摘している．矢野[7]は教育的関係からのケアの締め出しを指摘した上で，出会いから目的の共有に至るまでのプロセスをモデル化した[8]．尾崎は，ケアリングを佐伯の学びのドーナツ論に適用させ，個人を単位とした教育目的を捉え直し，「教える—学ぶ」営みのなかで教育目的が共有・形成されるとした．また鎌田ら[9]はケアされる人からケアする人への転換の契機は，ケアされる人の対話（dialogue）におけるケアの識別力（discernment）

と受容（receptivity）の相互作用的働きにあるとした.

　鎌田ら[10]を除いてこれらにおいては，ケアする人（教師・保育者）から見たケアリング関係が注視されており，またケアする人とケアされる人との葛藤の克服は詳細に描かれていない．ただし矢野[11]は，ケアする人が他者理解を容易とするのは「共感という名の侵襲」であるとする．ノディングズの「共感」については，佐伯等[12]において詳細に検討されているが，ノディングズが『ケアリング』において道徳教育の構成要素として示す対話や確証（confirmation）との関連が詳細に論じられているとはいえない．そこで本章においては，ノディングズが副題を改めるに至った経緯に着目し，第一に，共感に関連する fidelity 概念の変遷，第二に，教育目的を共有するに至る一つのプロセスとしての対話概念の変遷を明らかにする．これらを通して，教師・保育者と子どもとの間のケアリング関係の構築，また教育目的の共有に至る過程を明らかにしたい.

第1節　関係論への転換の出発点：fidelity

　『ケアリング』は出版当初から女性に再びケア労働を押しつけるものと批判された．2003年の前書きにおいて，副題に feminist ではなく feminine を用いたのは，当時フェミニズムの理論を十分知らず，女性の本質的な特性にではなく経験に焦点を当てるためであった[13]と記されている．しかし2013年版では，*Starting at Home*[14] や *The Maternal Factor*[15] において女性の経験がケア倫理の中心であることをより明らかにしようとしたとしながらも，feminine では誤解を招くとして，個人よりも関係を基盤とすることを示す relational を採用したとしている[16].

　『ケアリング』刊行の2年後，ノディングズは "Fidelity in Teaching, Teacher Education, and Research for Teaching"（以下「fidelity 論文」）を発表した．そこでは，関係の一つのありようとしての fidelity が，道徳教育の構成要素の一つである確証を教授（teaching）において求めるとしている．Fidelity は，ノディングズのケアリング教育が関係的アプローチによることを示す鍵概念と考えられる．というのも『ケアリング』の副題を改めた前年の論文 "The caring relation in teaching" には，後述するように，fidelity に関連する諸概

念が散見されるからである．

第2節　子どもや子どもとの関係に向けられる教師・保育者の fidelity

Fidelity は忠誠（faithfulness）や正確さ（accuracy）を意味する．Fidelity 論文においては，功利主義が幸福に，カントが義務といった原理に対する fidelity を提示しているのと同様に，ケアリングは関わりのある人への fidelity を求める．ノディングズは，教授のための研究（research for teaching）と教授に関する研究（research on teaching）を区別し，fidelity を観点とすれば，教授のための研究において得られたデータは研究者と研究対象者が互いに構築しあったものであり，研究によって得られる知見が個人の成長やケアする共同体の維持を促すような研究課題の選択を fidelity が促すという．

　同論文では数学教師 A の例が取り上げられる．テストで低い点数をとった子どもに補習と再テストをするか検討するとき，A 先生は自問自答する．それらの実施は公正なことか？　それでは子どもに自立を促さないのではないか？　A 先生はこれらの問いを否定する．その上で自問は続く．A 先生の fidelity が子どもたちに向けられるならば，A 先生の義務は何に対するものとなるか．それは，教育制度としての学校か，コミュニティか，自らの教える教科である数学か，そしてどのように最善にそれらを果たすことができるか．このように A 先生は，子どもとのケアリング関係への fidelity から，補習や再テストの効果を検討し，また継続的に反省し，自らの倫理的・教育的思考を微調整（fine-tune）する[17]．

　同論文にはもう1つの例が提示される．そこでは子どもとケアリング関係にある A 先生のもとで「評価インフレ」が生じないかという問題が提示される．A 先生は，学習目的，学習目標，学習課題を子どもと共に考え，組み立てようとする．しかしこれも，目標や課題が低いレベルにならないかが懸念される．これらの問題に対し，学習目的を子どもにとって現実的なものにすることで，学校を維持し，「標準」に意味を持たせ，子どもに素直さと自己理解を促すことができるというのが A 先生の考えである[18]．

　ノディングズが同論文で示唆したのは，優秀さや高い標準，確固とした評価を求める教育改革に対し，ケアリングが，子どもや子どもとの関係への fidelity を求め，共同体の存続，個々人の成長，関係性の向上に照らしてすべての改革を分析・評価するよう導くということである．

　同論文からは，fidelity について faithfulness と accuracy どちらの意味合いが強いのか判断できない．しかし，ケアリングの関係にある教師・保育者には子どもやその関係への fidelity が求められることは明らかとなった．そこで同論文以後の諸著作における fidelity に関連した著述を探索する．

第3節　関係的倫理としてのケアリングにおける fidelity の変遷

　Women & Evil [19] でノディングズは，人が関係において生まれ，定義づけられるという存在論を改めて提示した．また，関係的倫理における徳性（virtue）が，関係そのものと，関係の質に貢献するものとに区別されている．前者には，ケアリングをはじめ，友情や仲間意識，共感（empathy）が挙げられ，そこでの課題（task）は教授（teaching），親業（parenting），助言（advising），援助（helping）などすべて ing を伴う動的な関わりである．ここから関係的倫理においてはケアする人だけを探究しても無意味であるとされる．他方，後者の関係の質に貢献する徳性として，Character Education において列挙されている従順，誠実，素直さ，無欲，思いやり（sympathy），そして fidelity が挙げられている．ただしこの fidelity は検討が必要とされている．

　この後ノディングズは *Starting at Home* [20] において，改めて関係的自己概念や「表現された（the expressed）ニーズ」と「推察される（the inferred）ニーズ」を提示し，*Happiness and Education* [21] において，それらニーズの葛藤による教師やカリキュラム作成者と子どもとの間の緊張を提示した．

　The Maternal Factor [22] においてノディングズは，『ケアリング』に対して指摘されたケアリング関係の見知らぬ他者への拡張問題への解答として，fidelity が倫理的原理ではなく人に対するものであったのと同様，原理ではなくケアの網の目のなかの他者に向けて，思いやりのある注視（sympathetic attention）を向ける，すなわち知覚（perception），感情（feeling），動機の転移へ

と展開するチャンネルを開いておく必要があるとした[23]. また別のケアの網の目にいる見知らぬ他者については, そこでのケアが繁栄しているか把握できるよう, ケアの輪をつなぐリンクやチェーンを確立し, コミュニケーションのラインを開いておくよう, 協働的に作業することを求めた[24]. その上で, 確証には他者をよく知ること, すなわち empathic accuracy への到達が必要だとした. そのためには考え, 反省し, 疑問を持ち, 計画を立て, 再評価し, 同情し (feel sympathy), ある程度明確に物事を見る (see things with some clarity) ことがケアする人に求められる[25]とした. このように fidelity は *The Maternal Factor* において, ケアされる人への empathic accuracy という他者理解の正しさを強調すると同時に, sympathetic attention による見知らぬ他者へのまなざしという拡張問題への解答を提示する概念へと展開した.

　ケアする人によって「推察されるニーズ」は, "The Caring Relation in Teaching"[26] において, 「仮定されるニーズ (the assumed needs)」に置き換えられる. 同論文においては, ヴェイユ (S. Weil) を踏まえて, 子どもが何を経験しているのかを聴くこと (listening) を重視し, 次のように教師と子どもの対話のありようを示している.

　'Virtue carer' の教師であれば, いつか子どもが自分に感謝することを想像しながら教師の信念に基づいて「仮定されるニーズ」に対応し, 数学嫌いの子どもに教科やカリキュラムに取り組ませる. しかし 'relational carer' の教師は, 自らの数学を教える責任を一旦脇に置き, ケアと信頼の関係を構築するために数学嫌いの子どもと対話する. 関係が構築されれば, 子どもと協働的に「仮定されたニーズ」に取り組むか, 子どもが別の道を追究することに合意することもあるという[27].

　また同論文において, ケアリング関係における共感は自己志向 (self-oriented) ではなく, また他者志向 (other-oriented) であっても, 他者への受容的な注視に十分な時間をかけなければ empathetic accuracy は得られないとノディングズはいう[28].

　Fidelity 概念をめぐる変遷は次のようにまとめられる. 『ケアリング』の副題に feminine を用いたことで, ノディングズは, 女性の社会的地位, ケアの搾取的側面への批判的思考の欠落が問題視された. しかし, その後の諸著作に

おいて，ケアリング関係を fidelity 概念から捉え直すことで，以下のことが明らかになった．第一に，ケアリング関係においては，義務や責任といった原理ではなく，ケアされる人やケアリング関係への忠誠（faithfulness）を求めること，第二にケアする人がケアされる人をよく知ること（empathetic accuracy）が強調され，客観的知覚や認知に留まらずケアされる人が感じていることへの empathy を伴うことが明らかにされた．ただし，人への fidelity は強調が過ぎると，ケアの隷属・搾取的側面に対する批判が再燃しかねないことに留意する必要がある．

第4節　ケアリング関係における対話

　数学教師 A が数学嫌いの子どもと対話する事例を上で挙げた．対話は，道徳教育に留まらずケアリング関係を基盤とする教育において重要な構成要素である．鎌田ら[29]は，対話においてケアされる人は，自身に対するケアする人によるケアを識別し，そのケアとケアする人を受容することで，ケアする人へと転換する（ただしノディングズは，ケアされる人がケアする人を完全に受容することはできないとしている）．ケアする人のケアをケアされる人が認識することによって成立するケアリング関係において，対話は不可欠な要素であるといえよう．

　ノディングズの対話概念は一貫して，第一にフレイレ（P. Freire）の概念を踏襲しており，オープンエンドである．『学校におけるケアの挑戦』（原著1992）においてノディングズは次のように書いている．「……対話とは，理解，共感，あるいは感謝を共に探求することである．それは遊び心を持つものであったり，真面目なものであったりする．論理的であったり想像的であったりする．また，目標志向であったりプロセス志向であったりする．しかし対話とは常に，最初にはっきりしないものを真に探究することである」[30]．また，「対話は，私たちを互いに結びつけて，ケアリングの関係を維持することを助ける……．また，……応答の基盤となる，お互いについての知識をも与えてくれる．……私たちがケアする者として最も効果的に応答できるのは，他者のニーズとその経緯を理解するときである．対話は，専心という基準に含まれている．他者を受容するとは，十全に開放的に注意を向けるということである．継続的な対話によっ

て，私たちの応答を導く助けとなるようなお互いについての実質的な知識が築かれてゆく」[31].

　第二に，fidelity を明示してはいないが，対話のトピックではなく対話の相手が優先され，受容的な注意という態度で臨むことが挙げられる．"Freire, Buber and Care Ethics on Dialogue in Education"（以下「対話論文」）[32]において次のように述べられている．「ケア倫理は……，同じような状況で自分がどう感じるかを想像することでは，相手を体験できないかもしれないと警告している……．……私たちは，相手の状況を聞かなければならない．ケア倫理では，（投映的ではなく）受容的な注意が中心で，ケアする人はケアされる人の中にある「そこにあるもの」に開かれた存在でなければならない．傾聴は倫理的にも教育学的にも不可欠である」[33].

　第三に，対話のトピックや目標は柔軟に変更可能（flexibility）であり，一時中止も可能である．「対話は単なる会話ではない．トピックがなければならないが，トピックは変化し，対話の当事者のどちらかが，元のトピックから，より重要な，あるいはより繊細でない，あるいはより根本的なトピックに注意をそらすことができる」[34]．また *Education and Democracy in the 21st Century*[35] においては「ケア倫理と調和する対話は，気晴らしに対して適切に開かれている．対話の相手は，話題よりも重要である．どちらかが不快感を示せば，もう一方は安心感を与えるために話をそらし，大笑いしたり，思い出話に花を咲かせたりする．また，短いポーズは自己反省の機会にもなる」[36]とある．

　上の引用に見られるように，対話の一貫した特徴の第四として，対話の目的は相手を論破することではなく話者間の関係の維持・進展・深化にある．

　他方で，『ケアリング』以降の諸著作においては，対話における重点の移動が見られる．第一に，1990年代までの諸著作に見出される間主体的推論（interpersonal reasoning）への言及が，2000年代以降の著作には見られない．"Stories of Dialogue"[37] においては，注意，柔軟性，関係を深めるための努力，適切な応答のための探索（a search for an appropriate response）といった，対話と共通した間主体的推論の特徴が挙げられ，『教育の哲学（*Philosophy of Education*）』（原著1998）でも，間主体的推論の目的は会話や対話の参加者の関係の維持・進展にあるとされる[38]．しかし「道徳的推論（moral reasoning）の目的は

何が正しいかを明らかにすること（to figure out[39]）」という認知主義のアプローチとの相違から推論とは袂を分かち，子どもとの対話を改めて重視する．「生徒と対話する教師は，シモーヌ・ヴェイユの問いを暗黙のうちに何度も何度も繰り返している．あなたは何を経験しているのですか？　そして，生徒の応答が，その後の対話の方向性を定めることになる[40]」．

　推論と距離を置く頃に前後して現れるのが会話（conversation）である．「対話は単なる会話ではない[41]」としながら，神や性といったトピックに関する「不朽の（the immortal）会話」と「日常（the ordinary）会話」を区別した上で，道徳教育における会話の特徴を，第一に参加する大人が善良であろうとし，他者の苦しみにケアと気遣い（solicitude）をもって対応すること，第二に，大人が子ども達を尊重し本音で語り合うことをあげている．こうした会話において，道徳的な事柄について「大人も子どもも自分自身を表現し，探究し，議論し，修正する機会が生まれる[42]」．また会話は対話と同様，ケアリング関係の構築，維持，ケアされる人の気持ちや考えの理解が目的とされている[43]．

　第二の重点移動は，対話がニーズ間の緊張の解消の過程とされたことである．子どもの「表現されたニーズ」と教師の「推察されるニーズ」との葛藤という緊張状態を切り抜けるために，対話が改めて重視される．ときに数学の学習を放棄してもよいという判断をするには対話が必要とされる[44]．ただしただ子どもの主張を受容するのではない．「対話の学習は，批判的に考える能力を身につけるために不可欠である．……自分が属している集団の「内側」にも「外側」にもいる人々の意見に耳を傾けることを学ばなければならない．このことは，個人，職業，政治，グローバルなど，人間のあらゆる活動レベルにおいて重要である[45]」．対話においては教師・保育者も子どもも，自らおよび相手について反省的批判的に思考することが求められる．「対話は，21世紀の教育の重要な目標である批判的思考の基礎である．私たちは対話を通じて，時には自分自身との対話を通じて，アイデアを探求し，論点を整理し，疑問を提起し，さらに調査を進めることを決める[46]」．こうして教師・保育者と子どもは「フレイレの言う「共同研究者（co-investigator）」となって，真の意味での対話に入る……．教育者として，私たちは，最初の受容のための対話から，批判的思考，confirmation，そして変革のための対話へと着実に移行するよう努力する[47]」．

　以上のことから，教育的関係としてのケアリングにおける対話は，以下のことを示唆する．第一に，ケアする人としての教師・保育者は非選択的な注意，専心，受容が求められるものの，ケアされる人のニーズに応えることを絶対視しないということである．「推察されるニーズ」として示された教科やカリキュラムにおける学習課題を子どもが拒否するとき，教師はそれらが何をもたらすか，何に必要かを対話のなかで子どもに伝え，子どもはそれを理解することにより，自ら課題に取り組む．しかし第二に，教師・保育者が自らの考えを改めるに至る場合もある．例えばカンニングなどの子どもの行為について対話するとき，それが過ちかどうかを検討する道徳的推論を行うのではなく，そのような行為が本人や他者に及ぼす影響について教師・保育者は考えやその背景となる信念をトピックとして対話する．この対話において，教師・保育者にはない子どもの経験が，教師・保育者に影響を与える可能性もあることが示されている．第三に，教師・保育者と子どもとの間に対立があった場合，対立を招いている事態から離れて会話することも含まれている．ただしそれは雑談によってごまかそうとするものではない．ノディングズにとって「話すこと，聴くことは，必ずしも交渉を意味しないし，宥和（appeasement）を意味しない．むしろ，お互いを理解し，平和的解決に向けて協力しようという道徳的な決意を表している」．また『ケアリング』においてノディングズは「対話では，教師は生徒の主体性を力説できる」としている．すなわち対話は，教育的関係が教師・保育者からの一方的な関わりを回避させ，学ぶ主体である子どもの教育への参加を担保する機会であり，そこに葛藤も生じるが，確証という教育目的の共有に必要な過程であるといえるだろう．

第5節　距離を踏まえた関係の構築

　ここまでノディングズの諸著作における fidelity と対話の変遷を探索してきた．ノディングズは教師・保育者に子どもおよび子どもとのケアリング関係への fidelity を求めることから始めたが，他者への思いやりある注視（sympathetic attention），他者をよく知ること（empathetic accuracy）を求める概念へと展開させた．そして対話は，これらを踏まえケアする人とされる人が互い

をよく知ること，それにより肯定的な関係の維持・進展を見込むだけでなく，ニーズの葛藤という緊張状態に対して，また教師・保育者には過ちと見える子どもの行為について，時にはトピックを柔軟に変え，またはいったん対話を一時中止しつつ，それぞれの考える影響やその考えの背景となる信念を語り合い聴き合うことである．対立や葛藤があっても対話を続けるためにはケアする人がケアされる人および両者の関係への fidelity が必要であり，対話が fidelity を実現する．

　矢野[51]や尾崎[52]は，ケアリング関係における目的の共有，目的の共有によって私（I）とあなた（YOU）が我々（WE）となる過程を示した．しかしノディングズがケアリング関係を WE とした記述は管見の限り見られない．『教えることの再発見（*The Rediscovery of Teaching*）』（原著2017）を著した Biesta は，教師と学習者の間の溝（the gap）こそが教師—学習者の相互作用をもたらすという[53]．矢野[54]も自他間の〈距離〉を意識しながらケアされる人を見つづけるロゴス的ケアと，自他間の〈距離〉を近づけようとするパトス的ケアとを，ルーティンに堕さない関係性を獲得した専門職のケアとする．尾崎も「教師の働きかけは……「関係性」に基づく「教える」として他にはない専門性と卓越性を発揮する[55]」という．グローバルなスケールで学力競争に巻き込まれ，他方で受容や包摂が強調されるなか，ノディングズの示した fidelity は教師・保育者と子どもの間の距離（差異）を敢えて意識させ，継続的な対話へと誘い，専門家によるケアリング関係の構築のありようを示したといえよう．

注

1）　Bingham, C. & Sidorkin, A. M.（eds.）（2004）*No Education without Relation,* Peter Lang.
2）　坂越正樹監修，丸山恭司・山名淳編（2019）『教育的関係の解釈学』東信堂.
3）　伊藤博美（2021）「学校教育とケア」松下晴彦・伊藤彰浩・服部美奈編著『教育原理を組みなおす——変革の時代をこえて』名古屋大学出版会，226-242参照.
4）　佐藤学（2005）「学びのケアと共同体へ」佐藤学監修，津守眞・岩﨑禎子著者代表『学びとケアで育つ——愛育養護学校の子ども・教師・親』小学館，18-34. 伊藤博美（2020）学校コミュニティのメタファーに関する分析——ケアを視点とした「学びの共同体」の検討『教育学研究87(4)』，546-557参照.
5）　Bingham & Sidorkin, op. cit.
6）　田代和美（2014）「ネル・ノディングズのケアリングにおけるケアする人について

　　──ケアする人としての保育者を養成するための手がかりを求めて」『大妻女子大学家政系研究紀要』50，49-58.

7 ）　矢野博司（2019）「目的的行為としての〈教える〉と〈ケア〉の接続」坂越正樹監修，丸山恭司・山名淳編『教育的関係の解釈学』東信堂，126-139.

8 ）　尾崎博美（2021）「「教育目的」を「関係性」から問うことの意義──「ケアリング」論と進歩主義教育が示唆する 2 つの系譜の検討」『近代教育フォーラム』30，1-12.

9 ）　鎌田公寿・木野村嘉則・小嶋季輝（2015）「「ケアされる人」がケア主体へと発達する契機を分析するための枠組み──道徳教育における Noddings 理論の援用妥当性を論点として」『琉球大学教育学部紀要』（87），113-120.

10）　同上.

11）　矢野，前掲書.

12）　佐伯胖編著（2017）『「子どもがケアする世界」をケアする──保育における「二人称的アプローチ入門」』ミネルヴァ書房.

13）　Noddings, N.（2013）*Caring: A Relational Approach to Ethics and Moral Education*, University of California Press, xxiv.

14）　Noddings, N.（2002）*Starting at Home*, University of California Press.

15）　Noddings, N.（2010）*The Maternal Factor*, University of California Press.

16）　Noddings, N.（2013）xiii.

17）　Noddings, N.（1986）"Fidelity in Teaching, Teacher Education, and Research for Teaching," *Harvard Educational Review*, 56(4), 502.

18）　Ibid., 504.

19）　Noddings, N.（1989）*Women and Evil*, University California Press.

20）　Noddings, N.（2002）op. cit.

21）　Noddings, N.（2003）*Happiness and Education*, Cambridge University Press（ノディングズ，N.（2008）『幸せのための教育』山﨑洋子・菱刈晃夫監訳，知泉書館）.

22）　Noddings, N.（2010）op. cit.

23）　Ibid., 174.

24）　Ibid., 239.

25）　Ibid., 117.

26）　Noddings, N.（2012）"The Caring Relation in Teaching," *Oxford Review of Education*. 38, 771-781.

27）　Ibid., 772-773.

28）　Ibid., 777.

29）　鎌田，前掲書.

30）　Noddings, N.（1992）*The Challenge to Care in Schools*, Teacher College Press（ノディングズ，N.（2007）『学校におけるケアの挑戦──もう一つの教育を求めて』佐藤学監訳，ゆみる出版，56）.

31）　同上

32）　Noddings, N.（2013）"Freire, Buber, and care ethics on dialogue in teaching," in Robert Lake & Tricia Kres（eds.），*Paulo Freire's Intellectual Roots*, Bloomsbury

Publishing（以下「対話論文」）89-100.

33)　Ibid., 99.

34)　Noddings, N.（2002）*Educating Moral People,* Teachers College Press, 16.

35)　Noddings, N.（2013）*Education and Democracy in the 21st Century,* Teachers College Press.

36)　Ibid., 120.

37)　Noddings, N.（1991）"Stories of Dialogue" in Witherell, C. and Noddings, N. （eds.）, *Stories Lives Tell,* Teachers College Press, 157-170.

38)　Noddings, N.（1998）*Philosophy of Education,* Westview Press（ノディングズ, N.（2006）『教育の哲学――ソクラテスから〈ケアリング〉まで』宮寺晃夫監訳, 世界思想社, 328）.

39)　Noddings, N.（2002）op. cit., 18.

40)　Noddings, N.（2013）op. cit., 121.

41)　Noddings, N.（2002）op. cit., 16.

42)　Ibid., 127.

43)　「対話論文」86

44)　「対話論文」99.

45)　Noddings, N.（2013）op. cit., 10.

46)　Ibid., 121.

47)　「対話論文」96.

48)　Noddings, N.（2002）*Starting at Home,* 288.

49)　Noddings, N.（2012）*Peace Education.* 105.

50)　Noddings, N.（1984）*Caring,* University of California Press（ノディングズ, N.（1997）『ケアリング――倫理と道徳の教育―女性の視点から』立山善康ほか訳, 晃洋書房, 275）.

51)　矢野, 前掲書.

52)　尾崎, 前掲書.

53)　Biesta, G.（2004）""Mind the Gap!" Communication and the Educational Relation," in Bingham, C. & Sidorkin, A. M.（eds）, op. cit, 11-22.

54)　矢野, 前掲書.

55)　尾崎, 前掲書, 9.

学びを深めるために

Biesta, G.（2004）, ""Mind the Gap!" Communication and the Educational Relation," in Bingham, C. & Sidorkin, A. M.（eds.）, *No Education without Relation,* Peter Lang.

Noddings, N.（1984）*Caring,* University of California Press（ノディングズ, N.（1997）『ケアリング――倫理と道徳の教育―女性の視点から』立山善康ほか訳, 晃洋書房）.

―――― （1986）"Fidelity in Teaching, Teacher Education, and Research for Teaching," *Harvard Educational Review,* 56（4）.

──── (1989) *Women and Evil,* University California Press.

──── (1991) "Stories of Dialogue" in Carol Witherell and Nel Noddings (eds.), *Stories Lives Tell,* Teachers College Press.

──── (1992) *The Challenge to Care in Schools,* Teacher College Press（ノディングズ，N.（2007）『学校におけるケアの挑戦』佐藤学監訳，ゆみる出版）.

──── (1998) *Philosophy of Education,* Westview Press（ノディングズ，N.（2006）『教育の哲学──ソクラテスから〈ケアリング〉まで』宮寺晃夫監訳，世界思想社）.

──── (2002) *Educating Moral People,* Teachers College Press.

──── (2002) *Starting at Home,* University of California Press.

──── (2003) *Happiness and Education,* Cambridge University Press（ノディングズ，N.（2008）『幸せのための教育』山﨑洋子・菱刈晃夫監訳，知泉書館）.

──── (2010) *The Maternal Factor,* University of California Press.

──── (2012) *Peace education,* Cambridge University Press.

──── (2012) "The Caring Relation in Teaching," *Oxford Review of Education* 38.

──── (2013) *Education and Democracy in the 21st Century,* Teachers College Press.

──── (2013) "Freire, Buber, and care ethics on dialogue in teaching," in Robert Lake & Tricia Kres (eds.), *Paulo Freire's Intellectual Roots,* Bloomsbury Publishing.

──── (2013) "Preface to the 2013 Edition" in *Caring,* University of California Press.

尾崎博美（2021）「「教育目的」を「関係性」から問うことの意義──「ケアリング」論と進歩主義教育が示唆する2つの系譜の検討」『近代教育フォーラム』30, 1-12.

鎌田公寿・木野村嘉則・小嶋季輝（2015）「「ケアされる人」がケア主体へと発達する契機を分析するための枠組み──道徳教育におけるNoddings理論の援用妥当性を論点として」『琉球大学教育学部紀要』(87).

田代和美（2014）「ネル・ノディングズのケアリングにおけるケアする人について──ケアする人としての保育者を養成するための手がかりを求めて」『大妻女子大学家政系研究紀要』(50), 49-58.

佐伯胖編著（2017）『「子どもがケアする世界」をケアする──保育における「二人称的アプローチ」入門』ミネルヴァ書房.

佐藤学（2005）「学びのケアと共同体へ」佐藤学監修，津守眞・岩﨑禎子著者代表『学びとケアで育つ──愛育養護学校の子ども・教師・親』小学館.

矢野博司（2019）「目的的行為としての〈教える〉と〈ケア〉の接続」坂越正樹監修，丸山恭司・山名淳編『教育的関係の解釈学』東信堂.

付記
本稿は，JSPS科研費22K0229「ケアリング論における教育者と子どもの関係に関する思想的文脈の再検討と実相の分析」の成果である.

あ　と　が　き

　本書の企画は，中野啓明・伊藤博美・立山善康の編著である『ケアリングの現在──倫理・教育・看護・福祉の境界を越えて──』を2006年に出版してから10年以上が経過した，2017年秋にはじまった．『ケアリングの現在』を出版した段階では，「次は5年後を目途に」とも話していたところであるが，それぞれが公務等におわれ，なかなか次の企画へと進むことがかなわないでいたのが実情であった．しかし，晃洋書房様からの熱心なお誘いもあり，何とか企画を打ち出すことができた．

　その後，2018年2月には晃洋書房に3名で出向いて出版に向けての打ち合わせを行い，執筆要項の作成や執筆者への依頼を行う作業へと進んだ．こうした過程で作成した出版趣意書は，本書の「はじめに」に示したとおりである．

　今回も論文集という形式を取ることにしたため，各執筆者には中野啓明・伊藤博美・立山善康の3名から依頼をおこなった．

　具体的には，中野からは職場の同僚でもある三浦修先生，藤瀬竜子先生，佐々木祐子先生，柄澤清美先生，佐藤朗子先生の5名の先生方に執筆をお願いした．また，吉野真弓先生，山口美和先生，大橋容一郎先生には，伊藤から執筆をお願いした．さらに，『ケアリングの現在』にも寄稿していただいた林泰成先生，新茂之先生には，立山から執筆をお願いした．

　こうして執筆者も確定し，各執筆者へ具体的な執筆要項等を送付したのが，2018年の12月であった．この段階では2019年の秋頃の刊行を目指していたため，年度が変わる頃には多くの原稿が集まってきていた状態であった．

　しかし，残念ながら，一部の原稿が遅延していたため，2019年秋の刊行を遅らせざるを得ない状況に陥ってしまった．

　そこへ，Covid-19の世界的な流行が重なってしまった．

　私自身，当時，本務先で教務部門の責任者でもあったため，遠隔授業システムの選択，教職員へのFD研修会の実施，学生への指導，めまぐるしく変わる状況への新たな対応等に忙殺されてしまい，本書の編集に携わるだけの余力が

なかったのが実際のところであった.

　私の力不足のため，ここまで出版が遅れてしまったことに対して，編著者の一人として，責任を痛感しているところである.

　ところで，完全遠隔授業を行っていた2020年度の前期と，学生を2グループに分けて登校するグループと在宅学習のグループを週ごとに入れ替えるハイブリッド（ハイフレックス）授業を行っていた2020年度の後期において，忘れられない出来事があった.

　一つは，完全遠隔授業を行っていた時の大学構内の様子である. 学生が一人もおらず，誰の声も聞こえず静まりかえった大学の校舎は，まさに「廃墟」であった. このとき，大学や学校というのは，学生がいてこそ，人と人との交流があってこそ存在しているのであると実感した瞬間であった.

　もう一つは，登校したグループの学生達が，再会を喜びあう姿である. 中には再会を喜ぶあまり，手を取り合ったり，抱き合ったり（？）する学生もいたほどであった. こうした学生の姿を見ながら，人間というのは相互にふれあいたい存在なのだということも，あらためて実感したところであった.

　私自身，完全遠隔授業の中でも，Zoom のブレイクアウトルームの機能などを活用して，学生間の交流の時間は何とか確保するようにしていたところではある. しかし，再会を喜び合う学生達の姿からするならば，どんなに ICT の技術が進歩しようと，学生相互が直接ふれあうことの重要性，その価値の普遍性に変わりないことにも，改めて気付いたところである.

　その一方，ICT を活用することで，学生へのケアを続けることができることにも気付かされた. というのも，Zoom などの ICT を活用したハイブリッド形式の授業を取り入れることによって，たとえ Covid-19 に感染したとしても，遠隔形式による授業への参加が可能となり，学生に対して学習の機会を提供できることが示されたからである. このことは，ケアが，直接的な人と人とのケアという範疇にとどまらないことを示している実例であるともいえるのではなかろうか.

　こうした中にあって，本書のことは常に気になり続けていたのであるが，Covid-19 の状況も落ち着いてきた2022年12月になって，ようやく出版に向けた動きを再開することができた.

　ここまで出版が遅れたにもかかわらず，辛抱強くお付き合いいただいた執筆者の先生方，そして晃洋書房の井上芳郎氏に，まずは心から感謝申し上げたい．

　私自身，Covid-19の世界的な流行を経た今であるからこそ，本書を世に問う価値があると信じて疑わないものである．

　本書が，ケアを問い直す一助となれば幸いである．

2023（令和5）年6月

編者を代表して
中野啓明

人 名 索 引

日本人名索引

事 項 索 引

［編者］

立 山 善 康（たてやま　よしやす）

　　1986年　同志社大学大学院文学研究科博士課程後期満期退学　文学修士
　　徳島文理大学教授

［編著者］

中 野 啓 明（なかの　ひろあき）第 1 章・第11章・あとがき

　　2002年　新潟大学大学院現代社会文化研究科博士後期課程修了　博士（学術）
　　新潟青陵大学教授

伊 藤 博 美（いとう　ひろみ）はじめに・序章・第 5 章・第14章

　　2002年　名古屋大学大学院教育学研究科博士課程後期課程満期退学　修士（教育学）
　　椙山女学園大学教授

［執筆者］（執筆順）

林　　　泰 成（はやし　やすなり）第 2 章

　　1991年　同志社大学大学院文学研究科博士課程後期満期退学　文学修士
　　上越教育大学学長

吉 野 真 弓（よしの　まゆみ）第 3 章

　　2023年　お茶の水女子大学大学院人間文化創成科学研究科博士課程後期満期退学　修士（教育学）
　　育英短期大学准教授

山 口 美 和（やまぐち　みわ）第 4 章

　　2019年　東京大学大学院教育学研究科博士課程単位取得満期退学　修士（教育学）
　　上越教育大学大学院教授

三 浦　　修（みうら　おさむ）第 6 章

　　2008年　新潟医療福祉大学大学院医療福祉学研究科保健医療福祉マネジメント学分野終了　修士（社会福祉学）
　　新潟青陵大学教授

藤 瀬 竜 子（ふじせ　りゅうこ）第 7 章

　　1989年　新潟大学大学院教育学研究科修士課程修了　教育学修士
　　新潟青陵大学教授

佐々木祐子（ささき　ゆうこ）第 8 章

　　2004年　東洋英和女学院大学大学院人間科学研究科修士課程修了　修士（人間科学）
　　新潟青陵大学教授

大橋容一郎（おおはし　よういちろう）第 9 章

　　1978年　上智大学大学院哲学研究科博士後期課程中退　哲学修士
　　上智大学名誉教授

柄 澤 清 美（からさわ　きよみ）第10章

　　2007年　新潟大学大学院現代社会文化研究科博士後期課程満期退学　修士（経済学）
　　新潟青陵大学教授

佐 藤 朗 子（さとう　あきこ）第12章
　　1994年　名古屋大学大学院教育学研究科博士（後期）課程単位取得満期退学　教育学修士
　　新潟青陵大学教授

新　　茂 之（あたらし　しげゆき）第13章
　　2000年　同志社大学大学院文学研究科哲学および哲学史専攻博士後期課程退学　博士（哲学）
　　同志社大学文学部教授

ケアリングの視座
──関わりが奏でる育ち・学び・暮らし・生──

2023年11月10日　初版第 1 刷発行　　　＊定価はカバーに
　　　　　　　　　　　　　　　　　　　　　表示してあります

編　者　立　山　善　康

編著者　中　野　啓　明 ©
　　　　伊　藤　博　美

発行者　萩　原　淳　平

印刷者　江　戸　孝　典

発行所　株式会社　晃　洋　書　房
〒615-0026　京都市右京区西院北矢掛町 7 番地
　　　　　　　電話　075（312）0788番代
　　　　　　　振替口座　01040-6-32280

装丁　吉野綾　　　　　　　　印刷・製本　共同印刷工業㈱

ISBN978-4-7710-3762-5